明石書店

[redacted]

[redacted]、[redacted]。

[redacted]、[redacted]・[redacted]、[redacted]。[redacted]、[redacted]「[redacted]」「[redacted]」[redacted]「[redacted]」[redacted]、[redacted]、[redacted]、[redacted]、[redacted]。

[redacted]。

[redacted]「[redacted]」[redacted]……[redacted]、[redacted]、[redacted]、

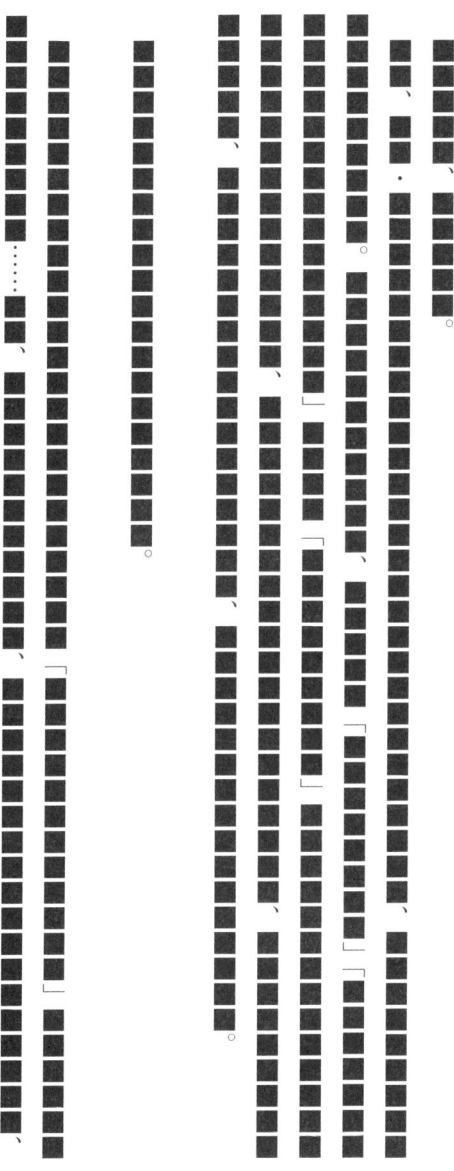

[redacted]、[redacted]。

[redacted]、[redacted]。

[redacted]、[redacted]。[redacted]、[redacted]。[redacted]、[redacted]『[redacted]』[redacted]、[redacted]・[redacted]。[redacted]。

【[redacted]】[redacted]、[redacted]、[redacted]、[redacted]、[redacted]

[redacted]、[redacted]

[redacted]……

二〇一三年一二月六日、特定秘密保護法案可決の日に

[redacted]

はじめに

二〇一三年一二月六日、特定秘密保護法案が衆議院に続き参議院でも可決されました。私はその模様を、暗澹《あんたん》たる思いで眺めていました。

この法案には穴が多く、もしも恣意的な運用がなされれば国家運営はもちろん国民生活にも多大な悪影響がでます。しかしそれよりも私の心を暗くしたのは、なにがなんでもこれを通さんとする人々の、立ち居振る舞いでした。

この不備だらけの法律に対して与党自民党・公明党の議員は、衆院で一人が退席しただけで、あとは造反もなく全員が賛成。みんなの党や日本維新の会も、修正協議の名の下に尻尾を振って擦り寄る。与党の幹事長は国民の反対デモを「テロ行為」呼ばわりし、与党議員らは青筋を浮かべて反対する党や議員をただただ罵倒する。

この大問題に対してTVの生中継はなく、ネットでは反対する人々を指して「サヨク」「反日」「非国民」といった言葉までもが踊る。

このぶざまな姿を見て、私は安倍晋三首相がアメリカで言った言葉を思い出しました。彼は二〇一三年二月二二日に、ホワイトハウスでオバマ大統領と初の日米首脳会談を行った後、ワシントンの戦略国際問題研究所（ＣＳＩＳ）で、

“Japan is Back.”

と題する講演を行ったのです。この言葉は、官邸でも成長戦略のタイトルとして使われています。

これは「日本は戻ってきた」という意味で使っているのだと思いますが、それであれば、“Japan has come back.”などと言えば、もっとはっきりと伝えることができます。

一方、“Japan is back.”と言うと、「日本は後れている」とか「日本は後戻りしている」とかいう意味にも受け取れるのです。わざわざ彼がこういう言い方をしたのは、無意識のうちに、そういう意味を含ませていたからではないか、と私は感じます。

では一体、彼は、どこに日本を後戻りさせようとしているのでしょうか。私が感じるのは、彼のおじいさんである岸信介が首相をつとめていた昭和三〇年代前半の空気です。安倍氏が好きだという『Always 三丁目の夕日』がまさにその時代です。彼はそのころ、デモ隊に囲まれて身動きの取れなかった岸首相の家によばれてよく遊びに行っていたそうです。

岸首相は、数を背景とした強引な国会運営で有名であり、いわゆる安保闘争時がその絶頂でした。強行採決した与党に抗議し、一〇数万人といわれるデモ隊が国会を包囲する最中に、岸首相は

「デモ隊は声ある声だ。わしは声なき声に耳を傾ける。後楽園は巨人戦で満員じゃないか」

と言い放ちました。しかもそれは、ベトナム戦争についての、ニクソン大統領の発言の「まね」でした。

安倍首相もまた、特定秘密保護法をめぐり、全く責任を負えない森雅子議員に支離滅裂な答弁をさせて自分は逃げまわり、野党の常任委員長が邪魔だからといって次々解任するといった前代未聞の国会運営をやって見せ、石破茂幹事長も前述のように「単なる絶叫戦術はテロ行為とその本質においてあまり変わらないように思われます」とブログに書きました。

立場主義が引き起こした戦争、そして経済発展

岸信介が政治を支配した時代は、私の言う「立場主義」が全盛を迎えた時代でもあります。日本社会は、日本人から成っているのではなく、「立場」から構成されている、と私は考えています。日本ではまず立場がそこにあり、立場同士の相互関係があります。個々の日本人は、その人の置かれた立場の詰め物として機能しているにすぎません。立場が主役の社会なのです。それゆえ日本人

は、自分の立場を失うことを極度に恐れます。「そんなことになったら、俺の立場はどうなるんだ！」という叫びは、日本社会のあちこちで日夜聞こえてきます。

日本の「民主主義」と称するものは、実のところ「立場民主主義」だと私は考えます。つまり「すべての人の【立場】は尊重されねばならない」というのが、日本の「民主主義」のテーゼです。そしてこの社会では、他人の立場を危うくすることが、極度に嫌われます。そういうことをする人は、「人非人」の扱いを受けるのです。

この立場主義は、江戸時代の「家」を中心とした思想の変形として成立しました。どうして変形したのかというと、主として徴兵制のせいだと私は考えています。かつて、家あたりで何人、と定められていた「軍役」が、徴兵制によって男一人あたり一人、という具合にかわったのです。これによって家制度は解体し始めて、かわりに成立したのが「立場主義」だと思うのです。

日本はこの立場主義によって意味のない悲惨な戦争に突入しました。枢要な地位にあった人々が、「立場上やむをえず」やった言動が、相互作用しているうちに勢いがついてしまい、暴走し始めた結果、戦争になったのだと私は考えます。多くの人は個人的には戦争を好んでいませんでしたが、立場上、戦争に反対しないばかりか、積極的に推進する行動をとったのです。その「やむをえない」行動の連鎖として戦争はますます「やむをえない」ものとなり、やがて誰も止められない勢いとなって、人々を駆り立てていきました。そのため日本は、合理的な判断を欠いた愚かな戦争経営を行い、玉砕や特攻といった立場上やむをえない死を、兵士のみならず、一般人にも強いて、無残にも敗北しました。まさに人間には、耐えがたく忍びがたい立場主義戦争でした。

この立場主義はしかし、戦後も全く反省されませんでした。それどころか、立場主義をさらに強化することで日本は復興を果たし、高度成長に突入し、経済大国へと成り上がりました。"Japan as No.1"を実現したいわゆる「日本的経営」の正体は、この立場主義だと私は理解しています。膨大な数の人が立場上、果たすべき【役】を必死で果たすことで、この時代の日本の組織は信じられないようなパフォーマンスを実現したのです。

しかし立場主義は、やがて適応能力を失っていきます。なぜならコンピュータの出現によって、コミュニケーションのパターンが劇的に変化したからです。

たとえばかつての大規模工場は、多数の人間が心を一つにして動かさないと効率的には操業できなかったのですが、コンピュータ制御が拡大するにつれて、そういう組織は必要がなくなりました。機械が自分で自分を制御し、その上、機械同士でも相談するようになったからです。そのため、制御システムを設計・保守する技術者を除いた労働者の仕事は、機械でやるのが馬鹿馬鹿しいような単純労働をこなすだけになりました。かくして、少数の技術者と膨大な低賃金労働力とを持つ社会が、工場生産の舞台となり、日本は空洞化していったのです。

また、インターネットの出現に代表されるように、個人間の直接のコミュニケーションが劇的に拡大し、しかもそれは国境を超えていきました。そうなると瞬時の判断や迅速な行動の持つ経済的価値が格段に上昇し、相互の立場に配慮しながら「コンセンサス」を長い時間をかけて形成するようなタイプの組織は、パフォーマンスが大きく低下していったのです。

現代の日本は、この立場主義時代の黄昏《たそがれ》にある、と私は考えています。戦前・戦後を彩った立場主義国・日本は、その存立の物質的基盤を失って、もはや崩壊しつつあるのです。

実現不可能な立場主義国の復興

ところが、日本人はその精神の奥底にまで、立場主義が染み込んでいます。それゆえ、立場主義が機能しなくなっている、という事実を受け入れることができないでいます。日本人の多くが安倍内閣を支持しているのは、まさにこの恐怖心のゆえだと私は理解しています。すなわち、"Japan is Back."と安倍氏が言うところの日本とは、立場主義国・日本であり、それを取り戻そうとしているのだ、と考えるのです。そしてそれは、多くの国民の願望です。

いわゆるアベノミクスは、崩壊しつつある立場主義経済システムに、巨大なカンフル剤を連続注射するようなものです。巨額の財政・金融資金の投入によって、既に機能しなくなった立場主義経済システムは、確かに一時的には息を吹き返すでしょう。しかしそれは、瀕死の病人に無理やり運動させるようなものですから、いずれ頓死することは間違いありません。

あるいは特定秘密保護法も同様です。この法律が制定されるきっかけとなったのは、尖閣諸島における海上保安庁のビデオのインターネットへの流出でした。このビデオは、秘密でもなんでもなかったのですが、こういった行為は、かつての官僚組織では、起きるはずのないことでした。立場主義の本山ともいうべき官僚組織においてすら、その綻びが露呈し始めたのがこの事件だったのです。この緩んだ箍《たが》を締め直すために、秘密漏洩の厳罰化を必要だと考えた立場主義者が、アメリカ軍との情報連携の必要をテコとして、この法律を作ったのでしょう。これもまた、立場主義国・日本を取り戻すための手段です。

しかし問題は、立場主義国の復興が、実現不可能な夢だ、という点です。実現不可能な願望を実現しようとすれば、すべては無駄に終わり、それればかりか、莫大な損害を被ります。そのとき日本は、立場主義社会から新しい社会へとなめらかに移行することができなくなり、おそるべき衝撃を伴った激しい社会の崩壊に直面することになります。その衝撃は、日本を第二次世界大戦へと導いた、立場の暴走を再現しかねないのです。

私は、この事態を最も恐れています。立場がいったん暴走し始めてしまえば、人間にそれを止めることは極めて困難だからです。『風の谷のナウシカ』の王蟲《オーム》の暴走の場面を思い出してください。そうなると、ナウシカが命を投げ出しでもしなければ、止められはしないのです。

岸信介の弟の佐藤栄作が総理大臣をつとめていた一九六四年に、中国が核実験を行いました。これは日本にとって大変な脅威であり、佐藤首相率いる政府は、日本も核武装すべきだ、と考えました。外務省や内閣調査室は、その実現を真剣に検討していたのです。しかし佐藤は、日本国内の反発や、それ以上にアメリカの圧力によって核保有を諦め、核兵器を「あえて」持たない、という方針に切り替えて、核不拡散条約に参加しました（「ＮＨＫスペシャル」取材班『〝核〟を求めた日本　被爆国の知られざる真実』光文社、二〇一二年)。

安倍首相が取り戻そうとする日本は、もしかすると、佐藤栄作の果たせなかった方向へ進んでしまうかもしれないのです。たとえ安倍氏個人にそういう考えがないとしても、動き出した立場の暴走を止めることは非常に困難であり、私たちはただふりまわされてしまいかねません。

世界を変える唯一の道とは

私たちが今なさねばならぬことは、立場主義社会の先に来るべき新しい日本のあり方を見出すことです。それは、日本人が、自分自身を、立場から取り戻す戦いでもあります。

特定秘密保護法案の成立した日に亡くなった南アフリカのマンデラ大統領は、不屈の闘争のなかから、信じられないほどの寛容を身につけることで、アパルトヘイトに勝利しました。彼は『ネルソン・マンデラ名言集』(African Heritage ed., *Nelson Mandela Quotes*, 2013)のなかで次のように言っています。これらの言葉が、私たちの導きの糸だと思います。

"Difficulties break some men but make others. No axe is sharp enough to cut the soul of a sinner who keeps on trying, one armed with the hope that he will rise even in the end."--- From a letter to Winnie Mandela, 1975(No. 1)

「困難は誰かを破壊しますが、誰かを生み出します。たとえ終局的であっても掲げるべき希望で武装した者、すなわち挑戦し続ける罪人の魂を断つほどに鋭い斧はありません。」

"As I have said, the first thing is to be honest with yourself. You can never have an impact on society if you have not changed yourself... Great peacemakres are all people of integrity, of honesty, but humility." (No. 134)

「既に言ったように、なによりも自分自身に対して正直であるべきです。あなた自身を変えたのでなければ、社会に対して如何なる影響も与えることはありません。平和をもたらす偉大な人物はすべて、高潔で、正直で、しかし謙虚です。」

本書では、このような観点から、具体的諸問題をとりあげつつ、現代日本の置かれた状況を認識するための方途を探りたいと思います。それは状況を批判するために行うのではなく、自分自身の姿を自ら目の当たりにするためです。現在の状況は誰かの陰謀によって成立しているのではありません。それは、私たち自身が【願っている】がゆえに実現しているのです。それゆえ私たち自身が自らの姿を認識し、それを改めることが、世界を変える唯一の道なのです。

＊追　記

二〇一四年二月一二日の朝日新聞の『首相「人間のくずと報道されても気にしない」予算委』という記事によりますと、安倍晋三首相は同日の衆院予算委員会で、次のような発言をしたとのことです。ＮＨＫ経営委員で作家の百田尚樹氏が、東京都知事選の田母神俊雄候補の応援演説で、他候補を「人間のくず」と呼んだことについて、民主党の大串博志氏が「任命した首相として何らかの責任を感じないのか」と質問したのです。これに対して安倍首相は、

「ある夕刊紙は私のことをほぼ毎日のように『人間のくず』と報道しておりますが、私は別に気にしませんけどね」と笑いながら答弁した。閣僚の一部からも笑いがもれた。

というのです。(http://www.asahi.com/articles/ASG2D3PMHG2DUTFK003.html)

本書では（表紙を含め）、安倍首相および安倍政権に関わる方々について、厳しく批判したり、あるいは揶揄するような表現をしたところもあるのですが、これほどの度量をお持ちなら、きっとお気になされることもないでしょう。読者の皆さまも、どうぞ安心してお楽しみください。

もちろん私は、「人間のくず」などと呼ばれたら怒ります。

ジャパン・イズ・バック——安倍政権にみる近代日本「立場主義」の矛盾●目次

第二章　アサッテに矢を放つ「経済」政策――ヴィジョンなきアベノミクス　121

第三章　「立場主義」という「文化」――「立場の国」復興を目論む安倍立場王《アベタチバオー》　187

エピローグ

カバーイラスト／本文イラスト●ながたかずひさ

プロローグ

「奇跡の一本松」にみる言葉の歪み

二〇一三年の春、新幹線に乗っていた時のことでした。いつものように全く興味のないニュースが、車内の電光掲示板に流れていました。目を開けている限りどうやってもあの表示が見えてしまうのがとても鬱陶しいのですが、目に入るとついつい読んでしまいます。

と、こんな言葉が流れました。

「よみがえった……『奇跡の一本松』」

その瞬間、私は飲みかけのコーヒーを噴き出しそうになり、ついで憤りと混乱がないまぜになった感情に襲われました。

『論語』の有名なエピソードに、弟子の子路に「危機に瀕した国の政治を立て直すのに、先生はどこから手を付けられますか」と尋ねられた孔子が、こう答えたという話があります。

「まず名を正すことだね」

言葉の使い方が正しくなければ、人々は現実の事態を正しく認識できないので、当然、正しく対応することはできません。そうなると人々の関係がおかしくなり、コミュニケーションが乱れ、誰も本当のことを言わなくなり、その結果どう行動していいかわからなくなり、社会はますます混乱に陥ります。

未曽有の東日本大震災という国難に見舞われた我々は、特に生活再建のため必死で踏ん張っておられる被災地でこそ、言葉を正しく使わなければなりません。

その観点から言うと、この一文は大変危険な言葉の使い方です。むしろ復興の妨げになる、とさえ私は思いました。どこがどうおかしいのか、これから詳しくみてみましょう。

まず調べてみると、その日の読売新聞にこんな記事が出ていました（縦書きで読みやすくするため、原文の数字を漢数字に替えています。以下ウェブ引用などでも同じ処理）。

よみがえった……「奇跡の一本松」復元作業

東日本大震災の津波に襲われた松原の中でたった一本だけ残った後、枯死した岩手県陸前高田市の「奇跡の一本松」の復元作業が六日行われ、半年ぶりに全体の姿がよみがえった。

大津波に耐え、復興のシンボルとして被災者らに慕われた一本松は、枯死が確認されたが、保存のため昨年九月に伐採された。高さ約二七メートル。根元から三分割され、それぞれ防腐処理などが行われた。六日午前、最上部の枝葉がついた部分のレプリカがクレーンで据え付けられた。

作業を見守った市民団体「高田松原を守る会」の鈴木善久会長（六八）は、「皆さんの温かい気持ちでここまできた。住宅の再建が進まないなど復興は遅れているが、再び被災者を元気づけてほしい」と話した。

今後、周辺を整備して献花台などを設ける。市は事業費一億五〇〇〇万円を募金で賄う計画で、二月末現在、八七七五万円が集まっている。

（二〇一三年三月六日一二時三九分　読売新聞）
http://www.yomiuri.co.jp/national/news/20130306-OYT1T00609.htm

枯死？　防腐処理？　レプリカ？　クレーン？

あまりに「よみがえった」という言葉に似つかわしくない単語の羅列に、陸前高田市のホームページを見てみました。すると、「奇跡の一本松保存プロジェクト」という項目にその内容が詳細に示されています。それによれば、

保存方針
一　一本松の各部分は可能な限り残し、屋外展示に耐えうる保存処理を実施する。上部枝・葉部

分は型取り後レプリカを作製する。
二　自立構造体とし、主構造体は高強度が期待できる炭素繊維強化樹脂複合材料（ＣＦＲＰ）を使用する。
三　自立構造体のため根部分はコンクリート基礎とし、根は別途保存処理を行い将来に向け保存する。

幹の写真を見てみるとくり抜かれて空洞になっています。防腐処理というのだから、このがらんどうの幹を加工したのでしょう。

陸前高田市のホームページでは、この松を「東日本大震災の大津波に耐えた高田松原の『奇跡の一本松』」としています。

しかしこの言葉の使い方が、私にはそもそも少しおかしいのではないかと思われます。もちろん、七万本の中から一本だけ残った、という意味では奇跡的です。

とはいえ、この樹が残った理由は、奇跡でもなんでもないのです。保存のための資金集めのポスターを見ると、一本松の右下に何やら壊れた鉄筋コンクリートの建物が見えます。これはユースホステルですが、奇跡の一本松が守られたのは、この建物が津波を防いだからです。

たまたま前に鉄筋コンクリートの建物があって津波を奇跡的に生き延びたこの松は、確かにとても運の良い松でした。ですから「幸運な一本松」と呼ぶのは正当です。「幸運な一本松」にあやかって、私も幸運を手にしたい、というなら話はわかります。

ですが、「奇跡的に大津波に耐えた一本松」というのは、既に言葉と考え方がおかしいのです。それゆえ、これを復興のために苦境を耐え忍ぶためのシンボルとするのは、間違いです。奇跡の一本松保存プロジェクトは、この段階から間違っています。

この一本松の生還劇において、最大の功労者は、誰でしょうか。踏切で倒れた子どもを救うために命を落とした鉄道員がいたとしましょう。そのとき救われた子どもを「奇跡の子」とかいって持ち上げる人がいるでしょうか。明らかに顕彰されるべきは、子どもを救った鉄道員です。

ということは、「奇跡の一本松」で顕彰されるべきは、身を挺して崩壊しながらも津波を防いだユースホステルの建物です。建物を顕彰しても仕方ないので、これを設計・施工した人々を顕彰すればよく、彼らの銅像でも建てるというなら筋が通っています。

またこの一本松は、奇跡的に津波を生き延びたのですが、大地震による地盤沈下で土壌に海水がしみ込み、塩分過多によって衰弱、枯死しました。さすがの強運もここまでだったのです。そうなればアッパレと言って、心を込めてこの樹を伐り、材木としてモニュメントを建てるとか、あるいは、強運のお守りを作って販売し、その売上で被災者の救援に回す、とかいうのが、普通の考えではないでしょうか。

寄付の呼びかけのなかで陸前高田市は、「今後も復興の象徴として後世に受け継ぐために、現在の一本松に人工的な処理を加え、モニュメントとして保存することとなりました」と言っていますが、これは踏切事故を生き延びながら、そのときの怪我が原因で数か月後に命を落とした子どもの遺体に人工的な処置を加えて踏切の近くに立てて、踏切の安全な渡り方を訴えるモニュメントとするのと、構造的に同じ発想です。

産経新聞の「おかえり〝奇跡の一本松〟「忘れさせない」シンボルに」（二〇一三年三月七日）という記事には、

> カーボン製の棒が通された幹の上で、特殊樹脂でかたどられた深緑の葉が春風に揺れる。復元された姿は美しいが、枯死してもなお、被災地に立ち続ける松の姿はどこか痛々しい。同市の「高田松原を守る会」副会長の小山芳弘さん（六一）は「松も辛いだろう。だからこそ恥ずかしくない復興を目指さなければ」と表情を引き締めた。

と書いてありますが、「おかえり」という見出しの記事を書いている産経の記者でさえ、現物を見ると「痛々しい」と感じてしまっているようです。副会長の小山さんが「松も辛いだろう」と言っておられるのも、文字どおり受け取るべきでしょう。死んだ樹を立たせるのは、やはりおかしいのです。

それよりおかしいのは「よみがえった」という読売新聞の言葉遣いです。明らかにこの松は枯死したのであり、その幹を繰り抜いて防腐処理したのですから、死んだままです。死んだままの樹をおっ立てて、「よみがえる」と呼んではいけません。どこまでやってもそれは、死体を無理やり立たせているだけなのであって、よみがえったのではないからです。ここまで言ってしまえば、「奇跡の一本松」はフランケンシュタイン（の怪物）やゾンビになってしまいます。

読売の記事には、

「再び被災者を元気づけてほしい」

という願いが書かれていますが、松の死体を見て、果たして被災者は「元気づけ」られたりするのでしょうか。たとえそのように見えたとしても、それはまさに一本松のように中身の抜けた、「カラ元気」ではないでしょうか。

一億五〇〇〇万円もの寄付金を保存のために集めるという点については、かねてから疑問が出されていますが、当然です。そんなことをするくらいなら、幸運の一本松を材木にして作った開運のお守りや木工品を、チャリティ・オークションに掛けるイベントでもやったほうが、遥かに合理的であり、元気のもとになるのではないでしょうか。

読売新聞のような、フランケンシュタインを良しとするような歪んだ言葉が出てくるのは、やはりなにかおかしいのです。何がおかしいのかを考えていて、ふと、思い至りました。

「この奇跡の一本松が、日本社会全体の象徴になっているのではないか」

つまり、日本社会全体が、がらんどうの奇跡の一本松のフランケンシュタイン化している、ということです。

安倍首相が「トレモロ」したいのは何か

そんなモヤモヤした気持ちを抱えながら、ある日私は淡路島に旅行に行きました。中学生の息子も一緒です。

と、道を歩いていたら息子が、農家の壁に貼ってある日焼けして色の薄くなった自民党の選挙ポスターを見て突然「ウゲ〜！」と一声唸って、

「イッポンをトレモロす！」

と叫んだのです。普段TVをあまりみない私は一瞬呆気《あっけ》にとられましたが、安倍晋三自民党総裁の選挙コマーシャルのことだと気づいて、爆笑しました。

帰ってからネットで調べてみると、

安倍氏の台詞は、自民党の衆院選キャッチフレーズ「日本を、取り戻す。」。だが、この「取り戻す」が、どうにも「トリモロス」に聞こえてしまうというツッコミが、ネット掲示板やツイッ

ターで大盛り上がり。

という記事が『週刊朝日』二〇一二年一二月二八日号に出ていたそうです。念のため自民党のホームページで件のCMをみてみました。すると確かに安倍さんが、

「世界をリードする技術力を持ち、豊かな教育を受け、誰もが安心して生活できる。」

と、大変ステキな笑顔で言ったあと、

それが、本来のイッポンの姿です。
トレモロす。(経済を)
トレモロす。(教育を)
トレモロす。(安心を)
イッポンをトレモロす。
ミラサマとともに、総力で。
自民党。

と言っていました。
私はこのコマーシャルを見て、ようやく何かがストーンと腑に落ちた気分になりました。以前から彼らが使っていた、

「日本を取り戻す」

というスローガン、これが私には「なにをどうしたいのか」サッパリわからなかったのですが、

「イッポンをトレモロす」

という音声になった瞬間、なんだか理解できたような気になったのです。

「そうか！　彼らは日本を取り戻したいのではなく、イッポンをトレモロしたいんだ！」

しかもこうやって言葉にしてみると、「奇跡のイッポン松」と、安倍氏がトレモロそうとしている「イッポン」とが、ピタ――ッと重なり合い、なんだか非常に心がスッキリ、胸がハレバレしたのです。
で、私は、このスッキリ感を多くの方にお伝えしたいと思い、この本を書くことにしました。

……と言いますと、「またそんなおふざけのようなことを！」とお叱りになる方もおられるかもしれませんが、私は至って大真面目です。

人間というものは実に可憐な生き物で、内心思っていることや考えていることが本人も気づかないうちに、言葉や行動に出てしまうものです。


「日本を取り戻す」


安倍首相はむしろ、滑舌《かつぜつ》がよいほうです。この程度の短いフレーズを、仮にも一国の首相が、しかも何度でもやり直しの利くCM撮影において、多くの人が別な言葉に聞こえるようにしか言えない、そんなことがありえましょうか。

いや、ありえません。

彼は、安倍総裁と自民党は、本当に、心の底から、

「イッポンをトレモロしたい」


のです。

では一体、この、

「イッポン」

とは何物なのでしょうか。またそれ以上に、

「トレモロす」

とはどういう意味の動詞なのでしょうか。

この不思議な言葉を明らかにしていこうと議論を重ねるうちに見えてきたものは、近代日本を覆い尽くしている

「立場主義」

というたいへん強力な箍《たが》の存在です。

ではその「立場主義」とは何か。

それを明らかにするために、これから、現在の日本社会を、三つの視点からあらためて考え直してみたいと思います。

一つ目は政治。

日本政治の戦後史を簡単に振り返り、第二次安倍政権成立のおさらいをしてみます。何が求められて、あるいはどんな訴えが国民の心に響いて、再登板となったのでしょうか。

二つ目は経済。

経済原理から安倍政権の目玉、「アベノミクス」を分析してみたいと思います。「アベノミクス」とは一体何をしようとして、どういう問題をどう解決しようとしているのか。

三つ目は文化。

歴史を紐解くことで「立場主義」の本質を詳しく検討します。また、福沢諭吉の『学問のすゝめ』に端的に表されている、近代の矛盾を読み解いていきます。

本書はその意味で安倍政権についての本ではありません。安倍政権という現象を通じ、その意味を読み解くことで、近代日本のあり方、そしてその中を生きてきた私自身の姿についての研究です。

第一章　体制派に「トレモロ」された「政治」
——安倍政権誕生までの軌跡

日本に繁栄をもたらした「田中主義」という政治システム

最初の章では、日本の戦後政治を簡単に振り返ってみたいと思います。どのようなメカニズムでどういう勢力が力を持ってきたのか、を追うことで、現在の安倍政権の成立する基盤を確認できると思います。

安倍政権は何を求められ、期待されて出現したのでしょうか。

そもそも、近年の日本はなぜこんなに短い期間に、政権交代と首相の交代が何度も繰り返されるような政治的混乱に陥ったのでしょう?

それは日本人が、「この国はうまくいっていない」という観測と焦りに似た感情を持つから、ではないでしょうか。だから次々にトップの首をすげ替える。

では、「うまくいっていた」のはいつの話でしょうか。多くの人がイメージするのは、高度経済成長期からバブル崩壊までだと思います。今につながる様々な問題の芽は内包されていたとはいえ、表面的には経済的繁栄を誇っていました。

では、この「繁栄」を演出したのは誰か、一人挙げるとすると、田中角栄である、と私は考えています。

元来、戦後、日本の保守本流=体制派というのは、

官僚・公務員・大企業経営者・従業員およびその配偶者

です。これに対して非体制派は、それ以外の人々、つまり、

農林水産業従事者・寺社・土建関係者・中小企業経営者と従業員・自営業者・失業者および、これらの配偶者

です。

ちなみに日本が「学歴社会」だというのは、「高学歴でないと体制側に入れない」という意味です。また「子ども」はどちらにも属しません。

体制派とは政策、つまり「これから私たちがどのような道を進むのか」の決定権を握っている人たちのことです。これに対して非体制派とは、体制派にとって「関係のない」人たちのことです。

こういう分け方には反論もあるやもしれません。一般的に従業員は経営陣と対立する「反体制派」のように思われています。

しかし昨今の「非正規雇用」「ブラック企業」などの実態を見ておわかりのとおり、本来大企業経営者と対立するのはこうした、組織を持つことすら許されず生殺与奪の権を体制側に握られてしまっている人たちのことです。それに対して、大企業の従業員や公務員は明らかに体制側です。多くの大

企業において、若手従業員で労働組合担当になるのは出世コースであったり、幹部候補生としての経験蓄積である、という事実がそれを補強しています。

戦後、日本の主たる支配権を握る体制派は、米ソ対立を軸とする世界体制に順応すること、もう少し強い言い方をすればアメリカに従属することで、大きな経済的繁栄を得ました。

しかしそこから弾き出されていた非体制派はどんどん存在感をなくしていきます。そうなるとますます、体制派はこうした「関係ない」人たちを無視するような政策を取るようになります。

彼らに残された唯一の武器は投票権でした。このことに注目したのが田中角栄です。「列島改造論」に代表されるように、彼は「地方と都会の格差の解消」をスローガンに掲げていました。これはつまり、体制派と非体制派の格差の是正です。公共事業や補助金によって都会から地方に資金を還流させ、大都市・大企業を中心とした経済発展の果実を等しく分かち合う。そういう政治手法です。これによって膨大な地方票をバックに田中派は多数の国会議員を送り込み、巨大な勢力を持つようになります。

ここで旧来の自民党＝体制派との協調関係も成立します。田中派は票を稼ぎ、体制派は公共事業・補助金を官僚を通じて出す。この労を取る官僚にはその公共事業周辺に発生する特殊法人その他に天

下り、あるいは自民党の議席というポストを与える。

これだけではありません。田中内閣は七三年には「福祉元年」と銘打ち年金受給額引き上げや老人医療無料化など、福祉政策充実を行いました。この政策は、都会の非体制派を取り込むという面を持ち、これによってますますその力をつけていきます。これによって社会党など、本来非体制派を基盤としていた政党から徐々に票を奪っていきます。

このような政策を実行する上で、軍事費は大変な邪魔者です。そこで田中は、アジアの安定が不可欠だと考えて、中国との国交回復に取り組みました。

つまり、田中角栄の政策をまとめると、

- 中国重視（対米一辺倒からの脱却）
- 地方への還流（公共事業）
- 都市非体制派の抱き込み（福祉重視）

の三点です。

この政治システムを私は「田中主義」もしくは「田中システム」と名づけました。

これは一見しておわかりのように、その内部において、矛盾した勢力がお互いに利益供与することで成立する、という良くできたシステムでした。しかし、それを支える代償として、巨大な公共事業や補助金をまかなうために、膨大な国債が発行されました。

新しいシステムを構築できなかった小泉改革

この「田中主義」を支えた国債・財政赤字の累計が、誰が見ても近い将来持続不可能になると思われた時、「行財政改革」が叫ばれ、登場したのが小泉純一郎首相です。

こうして見ると小泉政権の政策は極めてわかりやすく、

- 中国重視の否定（靖国神社参拝など）
- 地方の切り捨て（公共事業抑制）
- 都会の非体制派の切り捨て（規制緩和・福祉抑制）

と理解することができます。つまり田中主義の全否定です。これが、彼のキャッチコピー、

「自民党をぶっ壊す！」

の内容です。矛盾した勢力の妥協で成り立っていた自民党＝田中主義を壊し、体制派に都合のいいように作り変えることを意味します。

事実小泉政権を境に、それまで大きな勢力を持っていた自民党内の旧田中派は急速に力を失っていきます。

小泉首相は都会のおばさまたちに大変人気がありました。それは彼個人の、明るく行動力があり時に断固たる姿勢を示すキャラクターにも原因があるとは思いますが、それよりも、

「財政が破綻したら年金がもらえなくなる」

という都市の体制派、たとえば夫が大企業のそこそこの地位にある専業主婦、そんな人々の危機感によるものだったかもしれません。

このようにして都会人（いわゆる無党派層）の圧倒的といっていい支持を取り付けた小泉政権でしたが、改めてその成果を振り返ると、イメージほどうまくいっていなかったことが明らかになります。

歳出こそこれら切り捨て政策でなんとか膨張を回避しましたが、税収が減り続けたのです。

なぜかというと、小泉政権は田中システムを壊しただけで、新しいシステムを構築できなかったので、経済が回らなくなったのです。それは、旧ソ連が崩壊したあとのロシアで、社会主義システムを壊したら経済がガタガタになってしまったのと同じ理屈です。

その上、選挙対策として法人税と所得税の税率を引き下げ続けたことと、非正規雇用の拡大によって給与水準が落ち、実効税率が下がったために、税収がとんでもなく減ってしまいました。

すなわち、小泉政権は公約どおり、「自民党をぶっ壊し」ましたが、壊しただけで新しい何かを築くことはできませんでした。

また忠誠心の高い田中型選挙民を切り捨て、気まぐれな都市無党派層に依存するこのやり方のために、結局、個人としての耳目を集める「劇場型」の派手な立ち回りと、都会に出てきた田舎出身者に強固な基盤を持つ創価学会（公明党）とに依存しなければならなくなりました。

また彼は、郵政民営化に反対する人々を「抵抗勢力」と名付け、まるで既得権益にしがみつく悪者のようにイメージ付けることに成功しました。選挙ではその他の人々からの支持を集めましたが、しかし逆に、その時点での日本のそして自民党の政治システム＝田中主義を、衆目の下に曝け出してしまうことになりました。

結果、「天下り」や「官僚支配」果ては「公共事業」までが必要以上に敵視されることになり、これはそれらを粛々と執り行っていた体制派にとってもダメージとなりました。

さらに頑固な靖国神社参拝は中国の態度を硬化させ反日感情を喚起し、経済的にも滞ります。これも大企業・財界つまり体制派にとっては実は大きな痛手です。言うまでもありませんが、今や商売の相手としての中国のボリュームと将来性、つまり重要性は、アメリカを遥かに上回っています。

田中システムのあとに考えうるのは、東アジア全体を視野に入れた経済の循環の再編成しかありえなかったのというのに、その可能性を自ら摘み取ってしまったのですから、経済が回るはずがなかったのです。

ハンマーを無茶苦茶に振り回した結果、ありとあらゆるものが壊れた上に、自分も怪我をした、そんな印象です。

これらの結果、当人が引退したとたん、自民党は大混乱に陥り、短命な政権を三つ続けたところで民主党に政権を奪われることとなりました。

非体制派の政治家ゆえにつぶされた小沢・鳩山政権

こうして混乱した自民党に対して、田中派の反撃といえるのが二〇〇九年の民主党への政権交代です。契機は〇六年の小沢一郎の代表就任でした。

小沢一郎という政治家は、言わずと知れた元・自民党田中派のエースであり、まさに田中角栄の思想・政治手法の直系後継者、「長男」とでもいうべき人物です。論より証拠、彼の言動を振り返れば、

- 〇九年一二月、百数十人の国会議員を連れての中国訪問（対中関係の重視）
- 農家直接所得補償の提案（地方への還流）
- 子ども手当（福祉重視）

つまり田中主義の現代アップデート版です。これ以外にも彼のホームページを見ると、

- 「対等な真の日米関係を確立する」と並んで「中国、韓国をはじめ、アジア諸国との信頼関係

の構築に全力を挙げ、連携を強化する」
・「中央集権制度を抜本的に改める」「天下りの全面禁止と政府関係法人の廃止でムダと利権をなくす」

と明確に体制派への牽制を謳っています。田中政権のように非体制派の政治家が体制派の官僚を使いこなして統治する、これが小沢一郎の描く「政治主導」の意味です。

小泉政権が明らかにした財政破綻への恐怖と、政・財・官の癒着による田中主義の動脈硬化に対し、国民は「新しいやり方」をやってくれそうな政治を求め、「政権交代」という響きに惹かれて民主党を大勝させました。

でも実は、そのトップである小沢―鳩山コンビは（鳩山由紀夫も田中派出身です）田中主義、つまり小泉政権がぶっ壊す前の自民党と同じものでした。

当然、財政は更に膨らんでしまいますが、明確な親中路線によって冷え切っていた日中関係は一気に改善、日中間の経済的連携は一挙に強化され、これが明るい兆しではありました。

ところがこの体制は、あっという間に潰されてしまいます。

小沢一郎は「西松建設疑惑」（西松建設からOBらを代表とした政治団体を通じて政治家への違法な献金が行われたとされる疑惑）により公設秘書が逮捕されることで、このままいけば衆院選で民主党が勝利し、間違いなく「小沢首相誕生」というタイミングで代表の座を追われました。その跡を継いだ鳩山由紀夫は「普天間基地問題」（沖縄の米軍普天間基地が市街地にあり危険とのことで紆余曲折を経て辺野古に移転させることが決まっていたが、それを鳩山内閣が県外移転を含めて見直したところ、結局動かしようがなく辺野古に落ち着いた一件。一度期待を持たされて突き落とされた沖縄県民の激しい怒りを買うことになった）で政権を崩壊させられてしまいます。

もともと田中派の時代から、非体制派の政治家には常に体制派から、検察を使って、あるいは阿吽《あうん》の呼吸で検察自らが動いて、圧力がかかっていました。

田中角栄、二階堂進、金丸信、竹下登、橋本龍太郎、小渕恵三、そして小沢一郎。疑惑のオンパレードであり、そのたびごとに地位を追われたり影響力を削がれたりしています。

もちろんこの裏には彼らが、官僚・大企業・マスコミそしてアメリカと結びついていることで資金を必要としない体制派と違って、自前でカネを調達してくる必要があるからこそ、「付け入る隙」が生じやすい、という面もあります。しかし体制派、たとえば清和会系（岸信介・鳩山一郎の流れをくむ自民党名門派閥。町村派。親米・タカ派色が強い。森・小泉・安倍・福田・安倍と近年の首相を多く輩出する）の政治家に煙が立たない、火種が生じてもいつの間にか消えている、ことと対比しますとあまりに露骨です。

結局「西松建設疑惑」も、その後の「陸山会事件」も有耶無耶なまま、小沢一郎本人には不起訴処分が下りました。

小沢首相で民主党政権が始まっていれば、相当に違った展開になったことでしょう。一国の首相候補を恣意的な捜査でその政治生命を断つあるいは断ちかねない、これではもはや、検察によるクーデターです。

また「普天間基地問題」では、ウィキリークス（匿名で政府・企業・宗教などに関する機密情報を公開するウェブサイト）に、当時の外務省の幹部が首相の頭ごしにその主張に同意しないようにアメリカに要求していた、とあります。役人が行政府の長に対し反旗を翻して外国政府に接触する。これもまたクーデターに他なりません。

これらはさらに体制派マスコミの印象操作により、国民は事件の内容を深く考察することもなくイメージで「小沢は汚い」「鳩山は間抜けだ」と断罪してしまいます。

民主党が惨敗した理由

このようにして、鳩山の後を受けた菅直人は小沢・鳩山色を払拭すべく体制派に近づき、選挙前に突然消費税増税を言い出すなどどう考えても理屈に合わない言動を繰り返し、結局のところ求心力が低下して地震後にその座を追われます。跡を襲ったのは野田佳彦。こちらは松下政経塾出身、増税派の急先鋒、財務省の覚えめでたきバリバリの体制派です。

菅政権時には尖閣諸島中国漁船衝突事件も発生しました。ここでも対米追従によって対中国での事を荒立てたがる勢力（たとえば前原誠司、当時国交相→外相）と、なんとか穏便に済まそうとする勢力（たとえば仙谷由人、当時官房長官）の熾烈な引っ張り合いが見られました。

さあこうなってくるとさっぱりわけがわからなくなってきます。つまり、「自民党が体制派で民主党が非体制派」という割り切りができるものではなく、それぞれの中に体制派と非体制派が混ざっていた、ということです。かつての田中主義時代の自民党のように。

野田政権は、財務省の筋書きどおり消費税増税を自民・公明を巻き込んで決め、衆議院を自爆解散。当然のように、稚拙な政権運営と混乱に辟易していた国民は民主党への投票を劇的に減らすことによって、結果として自民党を圧勝させることになります。

一二年末の衆院選で自民党の総得票数は、惨敗した前回選挙以下でした。つまり自民党を選んだのではなく、民主党を否定しただけなのです。しかし、そうすれば結果として自民党が勝つことの想像が付かないほど国民は愚かではありませんから、すなわち消極的に支持した、と言い換えることもできるかもしれません。

ざっくりとここまでを整理すると、

- 田中さんのやり方は「うまく」いってた。
- でもそれは借金がかさむやり方なので、もうこれ以上は無理だ、と小泉さんが止めた。
- 止めただけで特に新しいやり方は提示しなかったので、混乱した。
- そこへ小沢さんと鳩山さんが「これは新しいやり方ですよ」と出てきたのでみんな期待して任せた。

●ところが実はそれは田中さんのやり方の現代版だったので、おそれをなした体制派が政権ごと潰した。
●その後、菅さんと野田さんとが体制派に近づいて昔ながらのやり方に戻そうとするも、やりなれていないのでうまくいかない。
●業を煮やした国民は、「昔ながらのやり方なら自民党の方がまだしもうまくやるだろう」と考えた。
●そのやり方が限界に来てるのはなんとなくわかってはいるものの、他の選択肢はない(と思い込んでいる)。

これが安倍政権樹立前夜、一二年年末の様相です。

安倍政権の支持基盤

こうして迎えた一二年一二月の総選挙。

解散総選挙にもかかわらず、また消費税、震災復興、原発はじめエネルギー政策、ＴＰＰなどどれ一つとっても今後の日本の舵取りとして重大な論点が目白押しであったにもかかわらず、投票率は低調でした。

長く続く混乱に、多くの国民は政治に関心を失っていたようです。選挙に足を運んだ人々も、未だ

に被災者の方が三〇万人近くも避難生活を強いられており、

「とにかくなんでもいいから国をちゃんと動かしてくれ」

というのが本音だったのではないでしょうか。

こういう場合どうしても人間は、「うまくいっていた頃」に戻りたがります。

こう考えると、総選挙に先立つ自民党総裁選で、それまで苦しい野党時代を支えた谷垣禎一総裁が立候補も許されず引きずり下ろされたことや、地方・一般党員投票では圧倒的に人気の高かった石破茂が国会議員選挙で逆転を喫した理由がよくわかります。

今求められているのは新しいやり方や新しい人ではない。

このあたりのしたたかさというか本能的嗅覚というか、これはさすがに長年政権を担い続けた、つまり「人々が何を求めているのか」に敏《さと》い自民党というところでしょうか。

ここに登場するのが、安倍晋三です。

そう、体制派ど真ん中、岸信介元首相の孫、安倍「プリンス」晋太郎の息子、念を押せば一旦は小泉政権を継いで首相になった、彼です。

たとえ前回特に成果のないまま政権を投げ出そうとも、体調に不安があろうとも、「以前やってたこと」をやらせるのに、これ以上の人材は考えられません。

かくして再登板となりました。

彼は日本を取り戻す前にまず、政権を元に戻したのです。

ここまで「田中主義」を視点の中心において、一連の政権交代の流れを見てきました。これ以外に社会＝有権者の質の変化という点も見逃せません。

具体的には「非体制派」の内容の変化です。

田中主義が始まった頃には農村（田舎）にまだ人口がたくさんありました。これが票につながったわけですが、地方に鉄道と高速道路が伸びるにつれ、人は都会へと移動を始めます。都会に流入したつながりを持たない田舎の人間にコネクションを提供していたのが、共産党と公明党（創価学会）でした。しかし長い経済成長のおかげで、これらのたとえば中小企業の従業員、自営業者などもそこそこの蓄えやマイホームを持ち、中産階級化していつのまにか、体制派にスライドしてしまっています。

団塊の世代が田舎の公立高校を卒業して志を抱き都会に出て就職、結婚、長いローンを組んだけれども無事マイホームを手に入れて子どもたちも大学へやる、これがあたりまえでした。

ところが今やこの「あたりまえ」こそが夢物語に近くなってしまっているのです。

デフレもあってここのところの二〇代、三〇代の平均年収は下がり続け、非正規雇用者比率は二〇一三年には三六・二%とバブル真っ最中九〇年の二〇%に比べ、二倍近くに増えています。年収低下もさることながら、右肩下がりの経済状況と雇用の不安定さを考えると、「結婚」や「子育て」

にも二の足を踏み、それをクリアしてもとうてい「三〇年ローンでマイホーム」なんて博打《ばくち》は打てません。

それができるのは、またやる意味があるのは、職と家族に恵まれた人たちだけになり、そうでない人はそういう人々と自分を比して不公平感、誇張した表現をすれば怨念を募らせてしまいます。

そこそこの大学を出たり能力を持っていても、いったん正社員へのレールから外れると、安定した職はなくなり、不安を抱えながらその日暮らしに毛の生えたような派遣生活。

地方から出てきて就職したはいいものの、仕事に追われ歳を重ねて気がつけばひとりぼっち。田舎に帰ったって仕事はないので、ただただ黙々とひとりコンビニ弁当の夜を過ごす。

職がない、家族がない、あるいはその両方。

いわば、本物のプロレタリアート、ピュア・プロレタリアート、無産階級が誕生し、増加しているのです。

経緯を見れば、これが「若者」だけの問題ではないことにお気づきになるでしょう。バブルの頃、若者だった、でも途中で一歩だけ踏み外してしまった、そんな人も今や四〇代、五〇代です。また「低所得者層」という問題でもありません。たとえば、年収も貯蓄もかなりあっても毎晩ひとりさみしくネットにかじりついて、発泡酒をあおるしかない（と思い込んでいる）人はたくさんいます。いわずもがなですが、男女を問いません。雇用環境は女性に厳しいでしょうが、「職は、所帯は」と問われる世間の風当たり（という思い込み）は男性の方が厳しいものです。

この人たちには、後述しますが日本の社会で非常に重要な役割を果たしている「立場」がありません。
家族の一員としての立場、会社の一員としての立場、地域社会の一員としての立場……以前ならばあたりまえのようにあったその「立場」を失った彼ら・彼女らが求めるもの、それはもうそのものズバリ、「立場」です。

われらに「立場」を！

こうした人たちにとって響くのは、実は「アベノミクス」の成長戦略で雇用を生み出してもらう、ということではなく、

「君たちに『立場』を取り戻してみせる」

という大見得なのです。
すべての立場を失った者にとって唯一残された「立場」、それは国籍です。ただ日本に生まれて自動的に付加された国籍、つまり日本人であること。
ですから彼らはこの「日本人であること」に過大な評価を与え、価値観の軸に置きます。

そうすれば当然、「日本人であること」のさらにベースにある「日本」が素晴らしいこと、を「事実がどうであるかにかかわらず」求めるようになります。

この結果、「極右」と言っていいほど右傾化が進み、排外主義が助長されます。尖閣問題、従軍慰安婦問題などに対する現実や歴史的経緯を（あえて）無視した言動、ひいてはヘイトスピーチ。こうした人々はおそらく、ネットで検索すれば一分で調べられる「アベノミクス」の中身を正確に知りもしないでしょうし、知ろうともしないでしょう。彼らにとっては自分たち唯一の「立場」、つまり「日本人であること」を補強してくれる（と約束している）安倍氏が魅力的なわけで、

「日本を取り戻す」

つまり、

「あなたの立場を取り戻す」

と絶叫してくれている限りは、別に何をやってくれてても構わないのです。

どうも第一次政権の際にも、

という普通の人は聞いたこともなければ興味もないようなことを掲げていましたから、彼は元々そういう体質なのではないか、と私は考えます。が、その「彼個人として」の分析は後ほどすることとして、ここでは周辺の状況を観察してみましょう。

自民党ハト派はどこへ行った？

田中政権以来の、体制派と非体制派とが、票と統治能力とを取引するシステム「田中主義」が瓦解を始めたのは、やはり一九九三年、小沢一郎始め旧田中派が大量に離党して新進党を結成したことに求められるでしょう。

これによって、この後自民党は体制派の代弁者としての性格を強めていくことになります。いわばピュア・自民党化です。

他方、小沢一派は政界をひっかき回すようにして活動し、その結果、非自民連立政権や自社さ連立政権などが成立、政党の合従連衡《がっしょうれんこう》が繰り返されました。

九六年の衆院選からの小選挙区制の導入を挟んで、二〇〇三年、民主党と自由党が合併すると「二大政党制」と「政権交代」とがようやく現実味を帯びてきます。

しかしそんななか、二〇〇五年にはいわゆる「郵政選挙」で国民は小泉劇場に酔い、体制派自民党が圧勝します。

この時、記憶に新しい「刺客」という物騒な単語が使われました。同じ党の候補にもかかわらず公認を出さない、それどころか落下傘対立候補を仕立てるという、党に異を唱える者＝非体制派の切り捨てが行われました。

結果この時、亀井静香、平沼赳夫、綿貫民輔といった大物を始め、数十人の議員が辛酸を舐め、逆に「小泉チルドレン」と呼ばれる、党の言うことに唯々諾々と従う（しかない）新人議員が大量に発生しました。

私はこの時以来、「党内に異論を認めない」という政党にあるまじき異様な風習が根付いてしまったように思えます。それは野田政権下の消費税増税議論の際の混乱を見てもわかるように、民主党も同じです。

例を挙げれば、最近とんと言葉そのものを聞かなくなった「自民党ハト派」の影響力の低下です。宏池会といえば池田勇人の創設以来、大平正芳、鈴木善幸、宮沢喜一と四人の首相を出し、さらにその後も河野洋平に谷垣禎一、あるいは加藤紘一、古賀誠、堀内光雄、丹羽雄哉、岸田文雄と総裁経験者やそれに近い実力者がズラリと並ぶ、本来は主流派ど真ん中の派閥のはずです。

ハト派というのは主に外交問題に対して対話を重視し慎重な姿勢を取る政治家を指します。特に大平は田中政権で外相を担当、日中国交正常化に尽力しました。彼らは伝統的に国際協調（対中重視）

である点も特徴的です。

もちろんこの「ハト派絶滅の危機」の背景は、小泉政権前後のラディカルな人事や選挙の結果だけではありません。冷戦終結とソビエトの崩壊によってアメリカ一強時代が到来したので、国際協調よりも対米追従の方がご利益がわかりやすいととらえる人が多くなったのでしょう。

また社会党の事実上の消滅により、ハト派が相対的に左派的なイメージを持たされ、右傾化の進む現在では選挙・広報などで逆風になります。

安倍政権の現在に重大な危機感を感じるのか、彼らは老骨に鞭打ち警鐘を鳴らしています。

古賀誠・元自民党幹事長は一三年六月、よりにもよって政策理念が真逆である共産党の機関紙、「しんぶん赤旗」のインタビューに応じて、憲法九六条改正に反対である、と表明しました。

同時期に野中広務・元官房長官も北京で「日中国交正常化直後、田中首相から『尖閣諸島の領有権について日中双方が棚上げを確認した』と直接聞いた」と中国側の主張（日本政府は公式には否定）を支える発言をしています。

自民党を中心とした総翼賛体制の完成

彼らが恐れるのは政権の右傾化もさることながら、自民党の総安倍派化とでも言うべき事態でしょう。以前なら対抗する勢力が自民党内にあるがゆえに、極端に走ることなくバランスが取れていました。今はこの「システム安定化」機能とでも言うべき部分が、欠落してしまっているのです。彼らのような酸いも甘いも噛み分け続けたベテラン政治家にとってはそれが危うくて仕方がないのでしょう。

しかもその部分を担い対抗勢力になると思われていた民主党も、前述のとおり右往左往した挙句、離党・落選を多く出しほとんど崩壊に近い有様となりました。

さらには残った民主党の顔ぶれを見ると、野田佳彦、前原誠司、玄葉光一郎と大企業も大企業、パナソニックの創始者・松下幸之助設立の松下政経塾出身者が中心で、重商主義的で消費税増税にも賛成するなど体制派寄り。輪をかけて一三年衆院選時の代表は元経済評論家の海江田万里、これではほとんど都市知識人に支えられる体制派であり、非体制派から見れば自民も民主も区別がつきません。

もちろん公明党は自民党にベッタリです。

前述のように、公明党支持者の創価学会員は、当初は非体制派の都会の無産階級だったわけですが、その強力なネットワークを活かして（かつ当人の宗教的信念に支えられた猛烈な頑張りもあって）、それぞれの領域で世俗的成功を収め、既得権益を握って体制派と化しています。

よく言われるように「与党の旨みを知ったから」「キャスティングボートを握りたいから」与党になっている「だけ」ではなく、こうした支持者の変質によって体制派に付かざるをえなくなっているのです。

派手な言動で耳目を集めた日本維新の会というのは、実は小泉政権の焼き直しにすぎません。なぜというなら、最終的には彼らは都市無党派層による改革を目指しているわけですから。

というよりも、まるで政策志向が合いそうにもない旧太陽の党との合流を決めるなど、橋下徹という人には権力志向以外取り立てて「やりたいこと」は見えません。それは、権力基盤の形成に類まれなる能力を発揮しながら、その権力で何も構築できなかった小泉氏の小型版でしかありません。とりあえず自分に利益になる人であれば手を組むし、ならない人であればすぐ退ける、それだけのことです。彼に従っている人々も、思想や情実で結びついているわけではないので、おそらく何か突発事があればすぐ霧散するでしょう。

みんなの党とそこから分離した結いの党も、小さな政府志向で規制緩和による競争促進・活力重視、日米同盟の堅持を打ち出しており、非体制派に特にシンパシーのある勢力ではありません。

そして遂に小沢一郎の神通力も時代の波に威力を失ったのか、あるいは検察の国策捜査がボディブローのように効いたのか、田中主義の血筋を継ぐ「生活の党」は惨敗しました。もちろん社民党には往時の力はなく、結局、「野党」と呼べるものが共産党しかない、という有り様です。

さらに実はその共産党も、支持者は基本的に昔ながらの都市の零細企業や低賃金労働者であるわけですが、時勢柄「職があるだけマシ」ということで、本当の非体制派の支持を取り付けられているとは言いがたい状況です。また共産党が営々と築き上げた強固なネットワークは、古くからの支持者にとっては居心地のいいものかもしれませんが、「縁のない」人々にとっては、今から入り込むのが躊躇《ためら》われる類のものかもしれません。もちろん今さら「共産主義」もないだろう、という至極当然の判断をする人も多数おられるでしょう。

結局完成したのはいわばピュア・自民党を中心として両翼に民主・公明・維新を拡げる総翼賛体制

です。

その他の党はそれぞれ古参のファン層をまとめるのに手一杯、それもおたがいに主義主張があまりに違うので（たとえば小沢ファンと共産党シンパ）現実的には合従連衡して対抗する術すらない、そんな状況です。

そんなバカな、そんなものを国民が支持するはずがないだろう、とお思いでしょうか。

そうです、支持などしていないのです。

二〇一二年末総選挙での自民党の得票率は小選挙区で四三%、比例区で二七%、これに六〇%弱だった投票率を掛けあわせると、二五～二〇%の人しか「支持」はしていない、ということになります。

現に自民党が比例区で得た一六六二万票は、惨敗して野に下った前回〇九年衆院選の一八八一万票よりも約二二〇万票も少ないのです。

わずかでも有利なほうが地滑り的に大勝する小選挙区制と、混乱を招いた民主党への失望の結果の大勝、と見るのがごく普通の感覚であり、実際、選挙直後は安倍総裁も石破幹事長も「積極的に支持されたわけではない」と引き締めに躍起でした。

しかし勝ってしまえば数は力、政治は力です。「アベノミクス」をぶち上げてその期待感から円安と株価上昇を招き、その「業績」をアピールすることで一三年参院選で自民党はさらに議席を確保、長らく続いた「衆参ねじれ」の解消に成功しました。こうなった以上、その気になればどんな法案も通し放題です。

今の状況は、一九三〇年代、全体主義発生前夜にそっくりです。

- 経済状況が悪化して
- 失業者や無産階級が増え
- 政治の機能不全が表面化する

つまり国家という巨大組織のマネジメントがうまくいかなくなってくると、国民は「なんとかしてくれー！」と叫ぶようになります。

そこへ「なんとかしましょう」という人、たとえばヒトラーやムッソリーニが現れると、思わずすがってしまうのです。

しかし、国民国家などという、極めて巨大で極めて複雑なものを、一人の人間が、一つ二つのアイデアで「なんとかできる」などということは絶対にありません。ですから、「なんとかしましょう」と言っている時点でその人は「嘘つき」か、「詐欺師」か、よく言って「おかしな人」なのです。そういう困難な時こそ、そういう変な人にすがりついてはダメなのです。

ではいったい安倍政権は、どんな政策を目論んでいるのでしょう。

安倍政権の本質とその行く末

結論から申しますと、安倍政権には三つの大きな柱があると考えます。

一　経済政策をはじめ日々の運営に関わることは是々非々で適当に偉い人や官僚の話を聞く。
二　憲法改正（特に九条）はしたい。
三　いざとなったら戦争をする。

順に見ていきましょう。

まず「一」の日々の政策ですが、序盤に限れば評判のいい「アベノミクス」は、決して安倍首相の独創ではなく、「デフレ退治こそが日本経済の復活の鍵」というのは多くの人が言っていたことです。今回安倍首相は浜田宏一・イェール大学名誉教授をはじめ積極的な金融緩和論者（いわゆるリフレ派）の提言を聞き入れ、日銀総裁の首を実質的にすげ替えるという大鉈まで振るって、大胆な金融緩和に乗り出しました。

次章にて詳説しますが、私はこの政策自体全く評価しません。ただ、

「専門家の意見に真摯に耳を傾け、前例に囚われず思い切った政策を打つ」

という点では実に小泉政権以来、久しぶりに「政治家」の機能を発揮している、と言えなくもありま

せん。

政権序盤での高い支持率は、政策そのものの是非よりもこうした「姿勢」が評価されている側面もあると思います。

消費税増税の決定に際しても、政府の色眼鏡人選とはいえ一応は有識者を六〇人も集めて意見を聞くなど、自らの思い込み・思いつきや独断で事をすすめるのではなく、「良い結果が出るように」ステップを踏んでいるように見えます。

しかし実はこれこそが「罠」だと私は考えます。

「人々の意見を聞きながらより良い方向へ向かって政策を立案していく」、そんなことは政治家であるならば言うまでもないあたりまえのことであって、いや、そういうことをする人々のことを「政治家」と呼ぶのであって、官僚の言いなりや党内外との駆け引きで政策が決められる状況こそが異常です。

あたりまえのことをやっているだけで手を叩いて歓迎される、こんな危険な状態はありません。実は、安倍首相にとって経済政策など「どうでもいいもの」なのではないか、と私は考えます。どうでもいいからこそ、みんながいいと言う方向へいけばよろしい。そうすれば、最悪その方向が間違っていたとしても「みんながいいと言ったから」という言い訳もできます。

では、それら日常に関わる政策が「どうでもいいもの」であるなら、彼にとって「どうでもよくないもの」つまり「だいじなもの」はなにか。

それが「二」の憲法改正です。

これは政治を「ファミリービジネス」と言い放った安倍首相の御一族の悲願でもあります。

安倍晋三の父は総理の座まであと一歩と迫った安倍晋太郎、その晋太郎の妻・洋子の父が、「昭和の妖怪」とまで呼ばれた岸信介元首相です。

話はずいぶん前にさかのぼります。少し長くなりますがお付き合いください。

安倍晋三の祖父、岸信介の政治

まずは岸信介の生涯を簡単に振り返りましょう。

岸は一高から東大を優秀な成績で卒業し、農商務省へ入省。メキメキ頭角を現し、満洲国に渡って要職を歴任。太平洋戦争中は東條内閣の商工大臣として全国の物資の流れを取り仕切りました。

しかし戦局の悪化とともに、東條倒閣にも加担、それもあってかA級戦犯容疑として三年数か月巣鴨拘置所に収監されるも、冷戦の激化によるアメリカの対日政策の一八〇度の転換によって東京裁判は不起訴で逃げ切り、公職追放で済みます。

その後一九五二年サンフランシスコ講和条約の発効により追放解除となると政界に復帰、「日本再建連盟」を設立します。この名称から私は「日本を取り戻す」を思い出します。この時のスローガンは「自主憲法制定」「自主軍備確立」「自主外交展開」。

ところが選挙では大敗、致し方なく自由党に入党します。しかしここも当時の吉田茂首相の「軽武装、対米協調」路線に反発して除名。それなら、と鳩山一郎（由紀夫元首相の祖父）とともに日本民主党を結成します。

かねてから二大政党制を志向していた彼は、一九五五年、日本社会党の左右合同に対抗して自由党と民主党との合同を主導し、新たに結成された自由民主党の初代幹事長に就任します。これが「五五年体制」です。この体制は、田中主義の始まる七二年まで続きます。

そして、五六年、石橋湛山内閣に外相として入閣、二か月で石橋が病いに倒れるとそのまま跡を継いで首相となりました。

この岸が、さかのぼる五五年、幹事長として重光葵外相の訪米に同行した際、重光の安保条約の対等化や米軍撤退の提案に対し、日本国憲法の存在や脆弱な防衛力を盾にダレス国務長官が強硬に拒絶しました。これを目の当たりにした彼は、安保条約の改正を目指すようになります。

そして首相となったのち、日米安全保障条約・新条約に調印・批准、国内ではいわゆる「六〇年安保闘争」の混乱が巻き起こります。国会周辺に連日数十万のデモ隊が詰めかけ機動隊と衝突、東大生の樺美智子《かんば》さんが亡くなったことが大きな衝撃を持って受け止められました。

岸自身も首相官邸で実弟・佐藤栄作（のち首相）とともに「死を覚悟した」ほどの戦後最大の混乱であり、条約自然成立後、責任を取って内閣を総辞職します。

のちに岸の残した言葉、

「安保改定がきちんと評価されるには五〇年はかかる」

のとおり、この岸の安保改正は評価が分かれるところです。

吉田茂のような、対米べッタリでその傘の下で国家としての自主独立を志向せず、ただただ経済活動に勤しむ一派に対して、敢然と自ら立つ方向を模索した、と評価する人もいますし、結局のところ平和憲法下でのアメリカ軍駐留という矛盾を抱え込んだままだ、という評価もできます。

岸の言動を見ていくと、彼のやりたかったことは基本的には、ゆくゆくは憲法を改正し、軍も持ち、アメリカと対等な関係を結べる「大国」を志向していたのでしょう。そのためには一歩一歩改善していくしかない。その手始めに「米国の駐留を希望する」という形式を取っている旧条約を改正し、形の上だけでも日米双方が極東の平和に協力しあう、新安保条約の締結に命を賭けた、のではないでしょうか。

「保守」「右翼」の定義の混乱

しかしこの岸の、良く言えば現実的、悪く言えば意図偽装的なこの政策は、のちの日本に今に至るまで大きな混乱を残すことになります。それがよく表れているのは、「保守」や「右翼（右派）」と言った言葉の、日本における珍妙な使われ方です。

元来「保守」というものは古くからの伝統や慣習を尊重し、政策や制度改定については漸進的に、できるだけ小幅な範囲で徐々に行う、という政治姿勢のはずです。

ところが日本においてはアメリカ（軍）という日本の文化・伝統にとってほとんど関わりのない存在に依存するようにしがみついていく政治勢力を「保守」と呼びます。

また「右翼（右派）」はその「保守」的で、愛国的・国粋主義的な思想傾向を持ち、自尊心高く自国の文化伝統を守り育み尊重し、自主独立を守ろうとする、そういう人々のはずです。

が、日本では「反中・反韓」を叫びながら、同時に日本中に基地を持ち治外法権があり税金も払わない上にしょっちゅう問題を起こすアメリカに対しても当然のように「反米」を叫ぶ、そのような「右翼」はほとんどいません。「親米右翼」という、言語矛盾そのものの存在が「右翼」の多数を占めています。

では、筋金入りの右翼とはどういう人物なのでしょうか。たとえば、戦前的エートスを持つ政治家、古典的保守主義者、天皇主義右翼として源田実（一九〇四〜一九八九年）はどうでしょうか。

元海軍大佐、日中戦争から太平洋戦争を通じ戦闘機パイロット、航空参謀を歴任。真珠湾奇襲を立案し、精鋭・三四三空の司令として本土防空に尽力、戦後も自衛隊の航空総隊司令、航空幕僚長となり、ブルーインパルスを創設。その後、参議院議員を四期二四年務めました。

源田は元軍人らしく現実的で、非核三原則について「核の傘に入ると言いながら持ち込ませないで、どうやってその傘は日本を守るのか」と真正面からその欺瞞を突いています。あるいはいわゆる核オプション、来るべき日に核兵器を開発できるよう、核燃料サイクルを推進することも議論すべきだと外務省に掛けあったり、と思えば「皇室についての侮辱が横行している」として参院議長に質問主意書を提出したり、七八年の中華人民共和国との国交正常化に伴う中華民国（台湾）との国交断絶を行う国会採決では堂々と反対に回る（参院では源田を含む二人だけ）などなど、とにかく（主旨に賛同するしないは別にして）その行動はストレートで大変明瞭です。

いまのいわゆるタカ派・右派の大物政治家に、こういう言動を真正面からやってのける人がいるでしょうか。

核オプションについては『NHKスペシャル・スクープドキュメント　核を求めた日本』という、二〇一〇年一〇月に放映された番組で明らかにされていますが、一九六〇年代後半、政府が核兵器の保有について極秘裏に検討を進めていたのは事実です。

岸の実弟である佐藤栄作首相はもともと中国が核武装するなら、日本もそうすべきだ、と考えていました。しかしアメリカとの折衝を通じてこの考えを放棄して、六七年、「核兵器を持たず、作らず、持ち込ませず」の非核三原則を打ち出しました。これ以前にアメリカ大統領ジョンソンと会談して、自らの核武装を放棄する代わりに、「核の傘」による防衛の確約を取り付けていたことが、公開された外交文書により明らかになっています。

後にもらうノーベル平和賞は、核放棄の見返りにアメリカからもらったご褒美かもしれません。しかし現在、原発推進・核燃料サイクル推進派で「核オプション」の話題を真正面から掲げるような政治家はいません。

これは欺瞞です。

再処理に経済的なメリットがないのはもはや明らかであり、だとするならやる理由は一つ、「核兵器製造・所有能力を確保しておきたい」しかないのですが、これを隠蔽します。

憲法改正論議にしても本当に「国防軍」が必要だと思うのなら、堂々と九条の改憲を国会、そして国民投票に問えばいいのです。その議論に説得力があれば、国会議員の多数と国民の多数が賛成して改憲はなされるでしょう。

ところが今の安倍自民党はそうはせず、まずは九六条、つまり改憲規定を改憲して「憲法を変えやすくする」という案を持ち出します。

しかしこれがあまりに露骨だと改憲派の重鎮学者でさえもが一斉に批判を浴びせると、今度は解釈改憲、憲法解釈を変えることで集団的自衛権を手にしようと企んでいます。

ですがこれでさえ、山本庸幸・前内閣法制局長官が最高裁判事出身らしく異議を唱えれば、阪田雅裕・元長官も「現行憲法では集団的自衛権を行使できないのは明白。この解釈は戦後六〇年間変わってない」と朝日新聞のインタビューに答え、一面に大きく載る、という有様です。

私はこの「本来の意図を偽装する」という日本の政治家、特に自民党タカ派の性癖は、この岸の安保改定から始まったのではないか、と考えます。

その欺瞞体質は孫である安倍晋三に特に色濃く引き継がれて暴走しつつあります。

先述のように、岸はむしろ対米追従の権化のような吉田茂とは対照的で、なんとか日本の国を独り立ちさせようと考えていたのだろうと思われます。

しかしその結果改定された安保によって、アメリカに対する依存体質が体制派、特に官僚と政治家に抜きがたいほど浸透していくことになりました。

アメリカのネオコンとの強いつながり

最後に「三」の「いざとなったら戦争をする」です。

安倍首相が二〇一二年一二月、英語の論文を国際NPO団体「プロジェクトシンジケート」のウェブサイトに寄稿していたことを皆さんは御存知でしょうか。

このNPOは各国要人のインタビュー記事を配信するなど実績あるNPOで、寄稿者にもジョージ・ソロスやマイケル・サンデルなど有名人が並びます。しかし国内メディアはほとんど触れようともしませんでした。

この論文の内容はなかなか衝撃的です。


「アジアの民主主義セキュリティ・ダイアモンド」

と題されたこの論文では、インド洋・南シナ海・東シナ海の平和と安定を守るため、つまり中国に対抗するために、日本・インド・オーストラリアそしてアメリカが軍事的にも連携すべきだ、というものです。

まさに太平洋戦争前、日本が苦しめられた「ABCD包囲網」のような政策を、中国に対して行うべきだ、というのです。「国防軍」という言葉ですら、平和に慣れた我々日本人にはアレルギーのあるものだと思いますが、それでも「しかしいざどこかから攻めこまれた時には、そういうものも必要では……」ぐらいにはお考えの方もおられると思います。

しかしそんな方でも、ここまで時代錯誤なイメージを持ちだされると、ちょっと我が耳を疑うのではないでしょうか。

陰謀論めいて聞こえるかもしれませんが、これは、アメリカの巨大軍産複合体の働きかけに応えたものだと私は思います。

唯一の敵であったソビエト連邦が崩壊し、イラク・アフガニスタンが一段落した今、彼らは儲け口＝兵器の売却先＝「緊張」を遂に東アジアに求めようとしているのではないでしょうか。

一三年二月、オバマ大統領との会談のためワシントンDCを訪れた安倍首相は、保守系シンクタンクCSIS（Center For Strategic & International Studies）開催のフォーラムで講演しました（講演ビデオはCSISのウェブページでみることができます）。

ここは表向き民間シンクタンクですが、実際には元政府高官が影響力を行使しロビー活動を繰り広げる場で、ブッシュ政権で国務副長官を務めたリチャード・アーミテージがいます。

彼とジョセフ・ナイ元国務次官補（現ハーバード大学教授）が「原発を捨てると日本は二流国に成

り下がる」と脅しを掛けた「アーミテージ・ナイ報告」の名は目にしたこともあるかもしれません。CSISをレーガン政権時代に作られた「ネオコン」のフロント組織だとする意見もあり、また彼らを「ジャパン・ハンドラーズ」と称して警告する人々もいます。

国務副長官は日本でいえば外務次官あたりでしょうか。想像してみてください。アメリカのオバマ大統領や中国の習近平国家主席が、日本の元・外務次官やそのあたりの政治家・官僚が主催するフォーラムへのこのこ出かけて行って、ゴキゲン恵比寿顔で「レポートをありがとう」などと講演したりするでしょうか。

彼らアメリカの保守系人脈と、安倍政権との非常に強いつながりを感じさせる一件です。

このCSISには、統一球問題で有名になったプロ野球の元・コミッショナー、外務審議官・対米全権大使を務めた加藤良三の娘、加藤和世がフェローとして在籍しています（彼女は笹川平和財団の研究員でもあります）。

また、彼らは日経新聞と「日経・CSISバーチャル・シンクタンク」といういわば日本版CSISを立ち上げ、保守系政治家のサポート、若手政治家の育成、政策提案、などのロビー活動をしています。アドバイザーとして自民党の石破茂、民主党の前原誠司、その他数多くの元官僚が名を連ねており、「体制派」の牙城の観を呈しています。

ところが我らがスター・安倍晋三の恐ろしいところは、この背後にいそうなアメリカ保守人脈、およびそれに連なる日本の外務省を中心とした官僚機構の予想をも上回る無茶苦茶なタカ派っぷりを露呈しつつあることです。

二〇一三年の衆院予算委員会で、

「第一次安倍内閣において参拝できなかったことは痛恨の極みだ」

と大見得を切った安倍総理ですが、その夏の終戦記念日には首相のみならず主要閣僚全員が参拝しないという決断をします。アメリカ側から「中韓を刺激するな」というシグナルが何度か送られたからでした。特に四月に麻生副総理がバイデン副大統領と会談・帰国直後、靖国神社に参拝した件では相当に副大統領を怒らせたようです。

何よりも八月に入ってこの件のＣＳＩＳからの提言がハムレ所長インタビューという形で日経に載りました。内容は「日中の衝突を避けるため、尖閣を棚上げし、在任中は靖国神社参拝は自粛せよ」と。前述のようにＣＳＩＳの意見はアメリカの保守派中枢の意見と言ってもいいでしょう。

オバマ大統領もシリア・エジプト等中東情勢が大変シリアスな中、財政難で議会からは軍縮を求められており、アジアのことで揉められてはたまらん、というのが本音でしょう。

こうして釘を差された安倍首相は、いったんはおとなしく終戦記念日を過ごしたのです。

ところが彼は、暮も押し迫った二〇一三年一二月二六日、突如として靖国神社に参拝しました。中韓の猛抗議は言うに及ばず、あれほど言っておいたのに、とアメリカが「失望」という強い表現の声明を即座に出し、またこれを「サンフランシスコ講和条約への挑戦」「歴史修正主義者・全体主義的行動」ととらえたEU、ロシアからも抗議の声が上がるという、前代未聞の事態となりました。

本人の強いこだわりはよくわかります。

しかしどんな政策も行動も、時と場合によって影響と意味合いを大きく変えてしまいます。「このタイミングでなんとかガマンを」と説得するのが周囲、つまり政府、野党、それから外務官僚の役割ではないでしょうか。

しかるに外務省はトボけているのか素なのか、

「『失望』というのはそんなに強い表現ではない」

と官邸に説明した、という話が漏れ聞こえてきます。

連立与党を組む公明党の山口那津男代表は、

「行く前に『行くで』と電話かかってきたんで『やめなはれ』と言ったんですが、やめてくれませんでしたねえ」

とまるで他人事。たとえば連立解消をチラつかせて中止を迫るなどという気迫はどこにもありません。

あなたがキャバクラ狂いの男性だったとして妻の父にでも、

「娘を泣かせるなんて、君には失望したよ」

といわれ、

「よかった、妻を泣かせたことに失望されたのであって、キャバクラ通いは認められている」

と考えれば間違いなく周囲から「阿呆」のレッテルを貼られます。

この政権に絡む人々はみんながみんなこの調子なのです。隣りの国と仲良くしよう、他の人が嫌がることはなるべくしないようにしよう。この当たり前の感覚が抜け落ちています。

言うまでもないことですが、隣国との関係が悪化しても自国の多大な利益が保障されていることであれば考える余地もまだあります。また国民の大多数が「やれ」と言うことならば、為政者としてやらざるをえないこともあるかもしれません。しかし「靖国参拝」はどこをどう考えても、そのどちらでもないのです。

ですから、私にはこの人たちは「戦争をしたくてしたくてしょうがない」人たちとしか、思えないのです。「戦争をしたい」というのは言いすぎにしても、「戦争になってもいいかな」ぐらいの気持ちは彼らの無意識の底にあるのかもしれません。少なくとも、「絶対に戦争を防ぐ」という強い意志は感じられません。

いざ太平洋で有事があれば、まず政治家の支持率はイラク戦争時のブッシュ大統領のように跳ね上がるでしょう。そして日本の防衛産業も（朝鮮戦争やベトナム戦争の時のように）潤うのが確実です。またそれらによって間違いなく天下りポストが増え、官僚にとってもウハウハです。

だからこそ、本来政治家の暴走を、実務レベルのやりとりで食い止めるべき官僚が、一緒になって暴走しているのではありますまいか。

そんなバカな、いくらなんでも日本の官僚が国を滅ぼすようなことを考えるはずがない……と考えたあなたの脳裏に、すーっとよぎってくるものがありませんか。

そう、軍という最大の官僚機構が暴走することで文字どおり国を滅ぼした、戦前の日本の姿です。

ここはその「官僚機構の暴走」の具体例として、暴走の引き金を引いた石原莞爾《いしわらかんじ》（一八八九〜一九四九年）の話を挿話としましょう。

暴走する国家機構

石原莞爾は一八八九（明治二二）年生まれ、幼い時から抜群な秀才で独学をよくし、陸軍に入隊。連隊長命令で不本意ながら陸軍大学校を受験すると、見事合格したばかりか、その素晴らしい頭脳で次席で卒業します。のち軍務をこなしながら日蓮宗に傾倒、ドイツ留学を経て第一次世界大戦を研究します。

そして石原は恐ろしい事実に直面しました。それまでの戦争が軍隊と軍隊との戦いだとするなら、これからは総力戦であり、国力と国力とのぶつかり合いだということがわかったからです。しかもそのためには、勢力範囲内から地下資源を調達し、それを武器に加工して、戦場へと投入し続けねばならぬ、というタイプの想像を絶する戦争でした。明らかに日本は、地下資源も産業力も貧弱であって、そんな戦争を戦う力がないのです。ということは、アメリカやソ連といった総力戦をできる国に対抗することは、不可能です。このように考えて石原は、日本を総力戦をできる国にするか、それとも軍備を放棄するしかない、と結論しました。

ここで石原は、当然ですが後者を排除します。それは彼が官僚だったからです。官僚は（特に軍人は）命令には背けません。言われたことはやらなければなりません。「日本を守れ」と言われたら、相手がアメリカであってもソ連であっても、

「国力が足りないので無理です」

とは言えないのです。

そこで石原は考えました。これが有名な「日米最終戦争」というイメージです。最後にはアメリカとぶつかることになるが、そのためには中国をはじめとするアジアと一体化し、日本が東亜の盟主と

ならねばならない。その第一歩として、満洲を日本のものとしてこれを経営し、日本の国力を高めねば、と。

そして一九三一年、関東軍作戦主任参謀の石原はついに板垣征四郎らと柳条湖事件（中国東北部・奉天近郊の柳条湖付近で、日本の所有する南満洲鉄道〈満鉄〉の線路が爆破された事件）を自作自演、これが満洲事変へと拡大します。完全に関東軍の独断専行であり、本来は重大な職務違反として軍法会議で死刑ものです。

ところが事があまりに大きくなりすぎ収拾がつかなくなったのか、広い満洲を手にして味をしめたのか、それとも軍内部の情実人事か、結局この行為が処断されることはなく、むしろ参謀本部作戦課長として中央に栄転となりました。

このことがさらなる暴走を生みます。日本国民を強制徴兵した天皇陛下の軍隊を勝手に動かす、という軍人としては決してやってはならないことをやった石原はじめ関東軍の面々が、出世した、という事実が残ったからです。これによって独断専行が、陸軍では当然のこととなってしまいました。「やったモン勝ちの結果オーライ」が基本原則となり、軍隊という暴発しやすい装置を止めるブレーキが、壊れてしまったのです。

三六年には立場が逆になります。蒙古で紛争が始まったとき、石原は、中国方面での無制限の戦線の拡大は、来るべき対ソ連戦を考えても有害であると考えていました。あくまで日本の国力増強のために満洲を欲したのであって、その重荷になりかねない武力行使は無意味だと判断していたのです。

しかし陸軍は破滅に向かって突き進みます。

戦線拡大を続ける彼らに中央の統制に服するよう説得に出かけた石原は、現地の参謀たちに、

「閣下は満洲事変を起こして出世されたではないですか」

と嗤《わら》われる始末。

翌年三七年には日中戦争が始まりますが、参謀本部作戦部長として、必死に不拡大方針を守ろうとするも、失敗し、その後は東条英機との確執もあり左遷、予備役編入、太平洋戦争開戦時には立命館大学で国防学の講師をしていました。

雪玉を転がしたのは石原でしたが、転がり続け、膨らみ続ける雪玉は、彼の意図とは全く違うほうへ行ったのです。そしてそれを止めようとした石原は、弾き飛ばされてしまいました。

このように、官僚機構には本質的にブレーキが存在しません。

「立場上やらねばならぬことを猛烈な勢いでこなす」

ことこそが優秀な官僚の証しだからです。

この資質が国民の代弁者である政治家によってうまくコントロールされているうちは、その手足となって国家の日常の運営が滞りなくなされるわけですが、ひとたび歯車が狂いだすと、その歯車の圧倒的な慣性力に政治家も何もすべて吹き飛ばされ、官僚機構内部の官僚たちも狂った歯車を動かし続けるしかなくなってしまいます。そうしなければ自分たちが弾き出されて終わりだからです。

戦後に石原は「日本は戦争を完全に放棄しちゃったのです。我々は断じてこれを、利害を抜きにして、立正の大精神によって私どもは、国策を律していかねばならんと。……我々は日本が蹂躙されてもかまわないから、我々は絶対に戦争を放棄すべきです。……我々は戦争を必要としない文明を作らねばなりません」とインタビューに応じて言っています。

これは彼が考えを変えたからではなく、彼の軍事理論から出てくる当然の結論でした。彼は、軍人の立場を離れたうえで、自らの苦い経験に基づいて、このように主張したのです。

財閥解体で起きた官僚という権力の細分化

暴走する性質を持つ立場主義者は、この自分たちの立場が脅かされること、つまりゲームのルールが変わることを極端に嫌います。

官僚機構の力を削ぎ、国民の代弁者としての政治家、あるいは地域に密着した実行者としての地方自治体へ権力を移譲しようとした、小沢一郎が、検察にマスコミ、その他ありとあらゆる手段を用いて徹底的に叩かれた裏には、こういう力学があるのです。

鳩山政権の普天間問題では外務官僚が徹底的にサボタージュ、他の候補地を探しもしませんでした。官僚機構の本来の職分を考えれば、言語道断の話です。

要するに彼らは、(自民党の昔から、ですが)「俺たちが国を動かしている、政治家はどうせすぐコロコロ変わる」ぐらいの意識でいるのでしょう。

いざ日本と、どこかの国との関係が風雲急を告げたとしても、国民のため国のため平和のために全力を尽くす、そんなことは官僚機構と官僚に期待するほうが間違っています。

いや、もちろん、人徳ある見識ある官僚もおられましょうし、危機になれば職や場合によっては命を投げ出してでも国民のために尽くそうという方々も、少なからずおられましょう。

しかし、その程度のことでこの巨大な機構の暴走は止まりません。それは自分が引き金を引いた暴走を全力で止めようとして弾き飛ばされた石原莞爾自身が証明したことです。

太平洋戦争のあと、生き残った高級軍人・官僚・政治家の多くが口を揃えて言った言葉は、

「いまさら止められなかった」


です。

しかも太平洋戦争を境に、官僚機構はさらに良くない進化を遂げました。

戦前は政府の周りに「政商」と呼ばれる財閥があり、これらが国家利権的な商売を取り仕切っていたのですが、戦後アメリカの進駐軍が「彼らが戦争に導いた」と勘違いして潰してしまいました（もちろん途中からノリノリで戦争で儲けていますので、財閥が無罪というわけでもないのですが）。

それで起きたことは、今度は官僚出身者が財政と財閥との間に入って（天下りして）、そこから利権を分配する、というシステムの発生です。

こちらのほうが効率が何倍も悪い上に、本当の利害関係が隠蔽されるので調整も改善もしにくく、重症です。

さらにこの結果、「官僚」という権力が細分化され、おのおのの役人は一つ二つの自分のポスト、年間数百万円数千万円という単位の「仕事」を本当に一生懸命にこなす、ただそれだけをひたすらにやる、という状態になりました。誰も全体像が見えておらず、それを調整する人もいません。

これを私は「権力の微分化」と呼んでいますが、こうなると必然的に暴走するしかないのです。

フランツ・カフカの有名な小説『城』をご存知でしょうか。あるお城に雇われた測量技師が、周囲の人々にたらい回しにされ続け、いつまでたっても頼まれた仕事が何かすらわからないという話ですが、まさにこのように「それぞれの役人は何をやっているかわかっていない」という悲劇的な状況が、今の日本の官僚制度です。

何百万人ものユダヤ人を絶滅収容所へ送る大輸送プロジェクトの中核を担ったアドルフ・アイヒマンが、極悪人でもなんでもなくただの平凡な小役人であったことを、いつも思い出す必要があります。彼としては最適な輸送計画を立案したに過ぎないのです。ただその「荷物」がユダヤ人だった、というだけのことで、彼自身は虐殺に反対だったと主張しました。おそらく、そのとおりなのでしょう。

ですから本来は、こういう「機構」が暴走しないような、また悪用されないような知恵が民主主義には営々と埋め込まれてきました。「憲法は国民ではなく統治権力を縛るもの」だとか「中央銀行の独立性」などなどです。それがウィンストン・チャーチルの有名な言葉、

「民主主義は最悪だ。ただし、今まで試みられた他のすべての政治形態を除けば」

によく表現されています。

しかし安倍政権は、憲法や中央銀行への姿勢を見てもわかるように、それら先人の知恵にも真っ向から対抗しようとしているようです。

彼らは一体、何を暴走させようとしているのでしょう？

戦争に向けての歯車が動き出す

ここで、これまで見てきた安倍政権の政治的体質をおさらいしてみましょう。

・対米従属と反中国
・体制派による、体制派のための、体制派の政治
・立場なき人々の支持

この三点です。

問題はこの三点目です。この三点目、「立場のない」人々が支持しているからこそ、行き着く先は「戦争」になるのです。

なぜなら、他の利益誘導でおとなしく支持してくれる人々と違い、「立場のない人」の「立場」、寄って立つ根拠は、「日本人であること」「日本という国籍」しかありません。

となると、彼らの支持を取り付け続けるために必要なのはただ一つにしてそれだけ、つまり「国威発揚」です。

この麻薬に手を出すと、戦争に向けて歯車が動き出してしまいます。具合の悪いことに、中国が二〇数年前からこの麻薬に手を付けている、という条件のゆえに、その危険性はとてつもなく高くなっているのです。

歴史を見ても、過度の自由化を行い、社会における競争が激化し、そこから落ちこぼれた何も持たない無産階級がその鬱屈でもって、

「強い○○」

のスローガンを訴える政治家を支えるような政権はどこにでもあります。

イギリスならサッチャー政権（サッチャリズム）、あるいはアメリカならレーガン政権（レーガノミクス）が挙げられると思います。彼らが決まって採用する政策は、こういう人々の生活をより圧迫するものであり、そのために徐々にこぼれ落ちた下層民の憤懣《ふんまん》が溜まってきます。

これを発散させるのは、古今東西の為政者が毎度のように使ってきた外に目を向けさせる手法、すなわち戦争です。

こうした政権は一様に軍備を拡大し、他国に武力でもって対面することに躊躇しません。

サッチャーのフォークランド紛争、レーガンのソ連への「悪の帝国」呼ばわりから中南米政権への介入、いずれもあとから冷静に振り返れば、湾岸戦争・イラク戦争のような自国の安全や巨大な利権を巡る（とされる）大攻防というよりも、戦争のための戦争、

「私たちは強いのだ」

というアピールのための「ちょっかい」のように思えます。

幸いなことに今現在は、アメリカが「妙なことをするなよ」と牽制していますし、そもそもアメリ

カ自身が中国・韓国と良好な関係にあるので事なきを得ています。

が、オバマ政権も外交・内政ともに難問山積、いつ何時状況が激変するかわかりません。そうした折りにどんな暴走が起きるのか……想像するだに恐ろしいことです。

余談めきますが、この政権が、「立場なき人々」のシンパシーを得る理由の一つが、「非知性的である」点ではないかと思います。

素かわかりませんが、特に政権の2トップ、安倍首相と麻生副首相にその傾向が強いのです。安倍総理の演説原稿には、ルビはおろか「ここを大きな声で」「ここで水を飲む」などと懇切丁寧な舞台演出が書き込まれている、と写真週刊誌にすっぱ抜かれましたし、麻生大臣は「ナチスに学べ」と誤解されうる発言を軽々に行い、のちに撤回しています。

深慮遠謀を巡らしどっしり構えるタイプよりも、こういう多少浅はかに見えてもバリバリ突き進む（ように見える）人の方が、鬱屈を溜めた立場なき人々にはスカッとしてウケるのでしょう。

二人とも昭和の大政治家の孫であり、本来ならばそういう人たちと生まれも育ちも現在の境遇もまるで正反対のはずですが、こうした言動で心を摑む。これが政治家の本能、あるいは政治屋というべきものなのかもしれません。

ほかにも下村文部科学大臣は、日本史の教科書でも大きく取り上げられている田中正造の足尾鉱毒事件についての直訴に、山本太郎議員の天皇への手紙手渡しをこきおろすために言及するという、奇想天外な発言をしています。彼は山本議員の行為が、

「田中正造が（明治天皇に）直訴して大問題になったことに匹敵するようなこと」だと言い放ったのです（産経新聞、二〇一三年一一月一日、http://sankei.jp.msn.com/life/news/131101/edc13110110070000-n1.htm）。

後に批判されて取り消しましたが、

「たとえが誤解されやすかったと反省している」

という謎の言い訳でした。誤解のしようのない明確な言葉だったと私は考えています。更に、

「田中は議員辞職をして直訴したという覚悟があった。山本さんは単なる無知だったのかなと感じる。比較は田中正造に申し訳なかった」

と言いましたが、明らかに無知をさらけ出して恥をかいたのは下村文部科学大臣のほうでした。一つの事件でこれだけ連続で無知をさらけ出す文部科学大臣というのは、ブラックジョークとしか思えません。（朝日新聞　二〇一三年十一月五日　http://www.asahi.com/articles/TKY201311050031.html）

安倍首相は全世界に向けてなぜ堂々と嘘をついたのか

「暴走」という点で私が非常に危惧するのが、

「この政権にはまともな情報が入っていないのではないか」

あるいは、

「この政権はまともな情報を手にしようとする気がさらさらないのではないか」

というおそれがあることです。

つまり、政権の周りに蠢《うごめ》く体制派の政治家・官僚・財界人などは要するに自分に都合のいいことを安倍さんの頭に吹き込んでいるだけで、「正しい事実を集めて判断をくだす」という「政治」にとってごくあたりまえのことが行われておらず、嘘と妄想で固められたフィクションに基づいてなんらかの断がくだされている、そんな気がしてならないのです。

この話をするなら、この件に触れないわけにはいかないでしょう。

二〇一三年九月七日、二〇二〇年オリンピック・パラリンピック開催を目指しブエノスアイレスで行われたＩＯＣ総会の最終プレゼンテーション。東京五輪が実現するかと眠い目をこすりＴＶをみていたスポーツファンの方も多かろうと思います。

私は様々な理由から東京での五輪開催には反対ですが、仕事をしながらＴＶを流していました。

その時です。

聞き慣れたあの声で、

「Some may have concerns about Fukushima. Let me assure you,」

（フクシマについて、ご心配の方がおられると思います。私は保証いたします）


と聞こえてきました。汚染水問題が現地で連日報道されていたからわざわざ触れたのです。む、と聞き耳を立てると、

「the situation is under control.」

（状況はコントロールされている）


私はいくらなんでも空耳だと思い、思わずＴＶに目を向けると、さらに、

「It has never done and will never do any damage to Tokyo.」

（東京には、いかなる悪影響にしろ、これまで及ぼしたことはなく、今後とも、及ぼすことはありません）

と言うではありませんか。さすがに開いた口が塞がりませんでした。

その直後からネットでは、翌朝以降は大手マスメディアでも、あまりのことに一斉に批判の声があがり、なにより当の東京電力が記者会見でツッコまれて「い、いま官邸に（真意を）確認中です！」と狼狽《うろた》え、数日後、山下和彦東電フェローが「今の状態は（汚染水を）コントロールできていないと考えている」と真正面から否定する、そんな異様な光景が現出されました。

言うまでもありませんが、これは「嘘」です。

港湾に張られたフェンスはシルトフェンスという柔らかいもので、破損もするし隙間もあります。そもそも港湾内の海水は5号機・6号機の取水口から取り込まれ、北側放出口から一日六〇〇億ベクレルのセシウムとストロンチウムとともに、外洋に放出されています（気象庁気象研究所の青山道夫主任研究官、九月一八日・共同通信）。また、汚染水貯蔵タンクから漏れた汚染水が排水溝を伝い外海に出たらしきことも、東電が認めています。

東京への影響のほうも、もちろん事故直後に放射性プルームが通りすぎたわけですし、北関東にはいわゆる「ホットスポット」と呼ばれる比較的汚染の強い地域も点在します。それらの放射能を集めた江戸川や荒川などの川床に放射性物質が蓄積、あるいは東京湾に流れ込み、放射性の汚泥となって川底、海底に沈下していることも事実です。NHKの『ETV特集　海のホットスポットを追う　ネットワークでつくる放射能汚染地図4』という番組になったので、ご覧になった方も多いでしょう。

「影響は無視できるほど軽微」

であるとか、おなじみのフレーズ、

「ただちに影響はない」

でしたらまだわかります。しかし……。

国民の多くの人が事実として知る内容に対しその国の首相が敢然と、あまりにも堂々と、しかも全世界が注視するような場で、事実に反する言葉を発する。この異常な状態を説明するには、二つの考え方しかありません。すなわち、

- 安倍首相は事実を知らない。
- 安倍首相は事実を知っているが嘘をついた。

ここではとりあえず、前者の説を取りたいと思います。傍証はその後、福島第一を視察した安倍首相が要請した「5号機・6号機廃炉」について、九月二〇日、茂木敏充経済産業大臣のこの発言です。

「既存の設備を使えば（廃炉の）作業訓練もできる。周辺に汚染水タンクを増設することもできる」

（朝日新聞デジタル二〇一三年九月二〇日二一時五分）

原子力発電所の廃炉というのは、簡単なものではありません。まず炉の近くにある使用済み燃料を取り出すのに数か月から数年。その後約五年は、各所にこびり付いた放射性物質の線量が自然減するのを待ちます。さらにその後ようやく解体が始まるわけですが、日本の場合、高レベル放射性廃棄物の処理方法が決まっていない、つまり捨て場所がないがゆえに、肝心の最も危険な高汚染部分については、解体もできないのです。現に廃炉作業中の東海第一原発では、ここに至って作業が止まってしまっています。

茂木大臣の言葉を読むと、まるで老朽ビル群を爆薬でブッ壊すかのように、数週間数か月で更地にできるかのような錯覚を覚えます。

とんでもありません。そして経済産業大臣というのは原発の主管大臣のはずです。要するに「原子力発電所」についての初歩的な知識でさえ、この政権中枢には、周辺から入ってないのではないか。

もちろん知らないからといって、それで済まされる話ではありません。今言ったような現実はネットで三〇分も検索すれば手に入る情報であり、仮にも一国の首相や経産相が「知りませんでした」「聞いていませんでした」ではあまりに無能・無責任の誹《そし》りを免れません。

であるとするならやはり、これは嘘。

確かに、政治家というのは嘘をつく商売です。しかし許される嘘というのは、国民のため国家のため、たとえその場は石もて追われようとも、木に吊るされようとも、「結果として良いことだった」と歴史が証明してくれるはずだと私は信じる……そのような嘘だけです。このような、ついた瞬間誰にでも嘘とわかる嘘は、なんの意味もありません。

安倍首相自身の言葉を借りれば、どうしてこんな風に、「息を吐くように嘘をつく」のか。この件についてはまたのちほど、さらに考察したいと思います。

オリンピックはヒトラーが利用した三六年ベルリン大会以降、なにかといえば「国威発揚」と結びつけて語られます。確かに、代表選手が国旗を身につけ競技に勝ち国歌を歌う、愛国心が刺激されるイベントです。

そのせいか安倍首相はいつにもましてイキイキと得意の英語を駆使しており、「そりゃ外国の知らない人が見れば説得力あるわなぁ」と眺めていました。

嘘さえなければ、と本当に残念に思います。

特定秘密保護法は戦争準備の法律

嘘といえばもうひとつ、野党や国民の反対を押し切って安倍内閣が成立させてしまった非常に危険な法律が、「特定秘密保護法」です。

表向きは外交・防衛・対テロなど安全保障上特に重要な情報を漏らした公務員を処罰する、というもので、それだけ聞けば「確かにそうかな」と思ってしまうのですが、主な問題点はその「秘密」の基準が曖昧かつ不透明で、チェック機関も法案成立間際に大慌てで口約束したものばかりで、不確実なことです。

これにより、恣意的な濫用がなされる恐れがあり、しかも「秘密があるということも秘密にできる」ことで、政府に都合の悪いすべての情報が、闇から闇へ葬られる危険性があります。

外交・防衛上の秘密に関しては、たとえば公務員法や自衛隊法で既に厳しい規定があり、こんなものをわざわざ被せる必要はありません。現に沖縄返還の際の日米密約がすっぱ抜かれた「西山事件」では、それらを用い司法を巻き込み世論を本質ではない部分に誘導して、言論弾圧と言っていい有罪判決が西山記者に下りました。

この法案のキッカケになったと言われる有名な「尖閣諸島ビデオ映像流出問題」にしても、問題の映像は海上自衛隊員であれば誰でもみられるもので、今回の「特定秘密」には当たりません。

私が最も危惧するのが、この秘密を知った公務員は、たとえば他省庁の公務員に対しても資格審査を経ないかぎり漏らしてはいけない、という点です。

こうなると、官僚がお互いに「ホンマはこうやねんけど建前上こうしとかなあかんねん」とも言えなくなり、あのワケのわからない霞ヶ関文学＝東大話法「のみ」でやりとりするようになって、コミュニケーションが完全に破綻し、秘密が広範囲に及べば、政府そのものが機能しなくなります。

こんな法律を施行してしまったら、誰よりも一番困るのは間違いなく首相を長とする政府と、その下で働く官僚、そしてそれに依存している政治家、特に与党、つまり自民党のはずです。

さらには、国会議員の国政調査権も著しく制限されます。今でさえたとえば経産省に原発関連の資料を請求すれば真っ黒塗りで出てくるというのに、この法律下ではおそらくそれがますます多用され、重要な法案ほど、国会での質疑応答が成り立たなくなる可能性があります。

私は福井康太・大阪大学教授（法社会学）や平智之・元衆議院議員と議論を重ねたのですが、政府も官僚ももちろん国民も自縄自縛にする法律であり、いったい誰がどのような利益を得るのかさっぱり理解できず、大変苦しみました。

とにもかくにも、まずひとつ考えたのは、これが「戦争準備」の法律だ、ということです。

この法案の9条には「特定の外国に情報を渡してもよい」とあります。この「外国」がアメリカを指しているのは明白です。つまりアメリカと一緒に戦争がしたいので（＝解釈改憲による集団的自衛権の発動）、日本版NSC（国家安全保障会議）を作って軍事情報の共有をする必要があり、そのためにこの法律が是が非でも必要なのです。

ところがその秘密を流す相手、アメリカの同様の法律においては、「秘密」にできる情報は、どのように公開するとマズイのか「具体的に記述できなければならない」とされています。しかも「政府に都合の悪い情報を秘密にしてはならない」ことまで明記されています。

そのぐらい最小化措置と濫用防止策に気を配ってもなお、NSA（米国家安全保障局）による世界中での盗聴が発覚して、猛烈な批判を浴びています。日本の場合、特に戦前・戦中の総無責任体制を思い起こすと、まさに治安維持法の悪夢が脳裏をよぎります。

アメリカに盗まれるまでもなく自ら秘密を提供し、そのこと自体を国民には秘密にする。

政府がその気になりさえすれば、原発についてでもTPPについてでも、なんでも自由に秘密にできて、それを理由に刑務所にブチ込めます。「東大話法規則」が秘密に指定されると、それを暴露した私は、しょっぴかれて獄中で水責めや算盤責めを受けるかもしれません。

そうして秘密裏に準備を進め、もう後戻りできない状態になってから、いやそれこそ極端にいえば、どこかと開戦してから、

「戦争、はじめました。」

とまるで夏の冷やし中華のように宣言するかもしれません。

笑いごとではありません。

立場主義人民共和国成立のための法律

そうこうしているうちに審議終盤ではさすがにマスコミも（一部を除いて）遅まきながら反対論陣を張り、国会前では毎日のようにデモが行われ、司法関係者・学者・医師・表現者などがそれぞれ「反対する会」を立ち上げて署名を募りウェブ上に特設ページを設け、大いに反対機運が盛り上がりました。煮え切らない態度だった最大野党民主党も明確な反対に転じ、修正協議に応じたみんなの党や維新の会も国民の大声に怯えて採決では欠席（棄権）を選ぶ有り様です。「はじめに」にも書きましたが、こんな法案に自民と公明の国会議員全員が党議拘束を理由にして闇雲に賛成するというのも実に悲しい事態です。しかしそれにも増して彼らが反対を叫ぶ人々に対して取った言動に、私は本当に心が寒くなる思いでした。

自民党・石破幹事長は反対デモを「テロ行為」呼ばわり。三原じゅん子議員を始めとする自民党の各議員は、反対の主勢力となった民主党を主にその国会運営戦術の面で罵《ののし》るばかりで、法案についての具体的な反論はありません。当然です、理を詰めれば詰めるほど、法案のダメさ加減が明らかになるばかりなので、罵倒する他ないのです。

参議院で可決された瞬間が、またおぞましい光景でした。荒れに荒れた注目の重要法案が可決したというのに、政府側の席には森雅子担当大臣たった一人しかおらず、ただ独り寂しく礼をする姿は憔悴しきっているように見えました。彼女は弁護士ですから、この法律のいいかげんさがわからないわけではないでしょう。自分の人生とキャリア、そして良心をかなぐり捨ててこんな場に立つことは、大変なストレスに違いありません。

しかも首相・官房長官を始めとする内閣の面々は彼女一人にまかせてその場から逃げています。本来であるならばリーダーがまず矢面に立ち、成立の暁にはまず真っ先に仲間に礼を述べるべきではないですか。

そのリーダーは翌朝、公邸付近にデモの声が響かないことを「嵐が去った」と表現しました。国民の声は颪の音ですか。

さらに恐ろしいことに、この異常事態を生中継しようというTV局はただの一局もありませんでした。私はこれをインターネットの中継でみました。特に酷いのはNHKで、まるで国会を取り巻くデモや各界の反対の声などなかったかのように黙殺し続けました。

まさに大政翼賛報道以外の何物でもありません。

この一連の空騒ぎをみて、私は気づいたのです。

「ああこれは、『日本立場主義人民共和国』成立のための法律だ」

と。

「立場主義」に関しては第三章で詳しく論じますが、己の「立場」を優先し自分の「感覚」や「良心」の声に耳を塞ぐという経験は、長い人生、どなたにもあることかと思います。先ほどの森大臣の例でも、職務に忠実であろうとするなら「自分でもそうするだろう」と思われるかもしれません。

秘密指定によって物事の大切な部分を隠された我々は、問題解決のために何をどう論じていいのかわからなくなります。いや、そもそも何が問題なのかもわからなくなるかもしれません。それによってコミュニケーション不全が至るところで発生し、不安と不信が社会を覆い尽くします。そうすると、人々は少しでも確かなものを求めて「立場」にすがりつき、それを死守しようとします。

あらゆる情報を基にお互いに議論して自分も変わっていき、社会も変わっていくような世界から、上から降ってくる限られた情報に依存し、自分の立場（役）を懸命に守るだけの世界へ。

この法律はまさに人類の進歩に逆行した、倒錯した「立場主義」世界へのパスポートなのです。まさに

「Japan is Back!」

です。

ぼくちゃんが立場を決める

こう考えるといろんな辻褄《つじつま》が合います。

大マスコミがギリギリまで動かず、読売新聞などは最後まで賛成の立場を崩さなかったのも、彼らがもはやこの法案で「縛られる」ほうではなく、「縛る」ほうになっている証しです。

石破幹事長や三原議員のヒステリックな罵倒は、人間が「痛いところ」を突かれた時に思わず繰り出す反射行動です。むしろシドロモドロになっている森議員のほうが、いくらか「おかしいなこれ？」という葛藤が心の中に残っているからこそアヤフヤになるのであって、まだ救いがあるのかもしれません。

反対論者の合理的な批判である、

「チェックする第三者機関を」

という声を頑なに拒む理由もこれでおわかりでしょう。「秘密」というコミュニケーションの壁を駆使しておのおのの人間の「立場」を決めるのは体制側の人間でなければならず、ここを手放してはこの法律の意味がないのです。

むしろ先述の「アメリカとの～」のほうがそれっぽい理由、自分と他人を納得させるための表層的な目的であって、無意識が要求する真の目的はここにあるように思えてなりません。「これだけ反対があるのだから、もう一度練り直すためにせめて継続審議に」という問い掛けも一切無視したのも同じです。やりたいことは、ということであって、細かいことはどうでもいいのです。だから終盤突然いくつものチェック機関を（これらは内閣府〈政府＝行政〉にあるので、行政の秘密指定をチェックなどできるはずがないのですが）口走る、という挙にも出たのです。

そう考えれば、安倍政権を支える体制派政治家たちが、公明党の議員を含めて、この悪法に何のためらいもなく賛成するのも納得できますし、同じく体制派寄り（になりたい）みんなの党や維新の会があっさり妥協したのも、この章で今まで論じてきた政治の風景を裏描きしています。

反対の声が急激に大きくなるにもかかわらず賛成を貫いた人々は、たとえば「東アジア情勢の緊張」などを持ちだして必要性を叫ぶのですが、その緊張を招いたのはそもそも安倍首相であって、マッチポンプもいいところです。

要するにそういう人々はネット民から知識人（風の人）まで、「立場」が欲しい人々なのです。逆に先に挙げた、反対する会の職種をご覧ください。「一応は」腕に覚えがあり「立場」などなくてもなんとかなる人々です。

コミュニケーションを整えるのが政治

図らずもこの法律をどう受け止めるかによって、その人の「立場主義度」が明らかになっています。

先ほど、私は安倍政権は「事実を知らない」か「知っているが嘘をついた」のどちらかではないか、と言いましたが、この件を見ているともう一つの可能性、

「そもそもコミュニケーションが不全である」

さらにいえば、むしろ、

「コミュニケーション不全を生み出したい」

のではないか、と思えてきました。

五輪スピーチの件では「事実と異なる」認識を世界に向けてペラペラ語れる、ツッコミが入っても悪びれもしない。秘密保護法の件では人々を分断するように、事実を知られないように、議論ができないように、国の形を変えていく。

それでは一体この、政治の「コミュニケーション不全」はどのようにして抜け出せばよいのでしょう？

その大いなるヒントは、二五〇〇年前の哲学者、孔子が既に述べています。

良き政治を説きながら官職に就いていない当時、「先生はなぜ政治をなさらないのですか」とイヤ

ミを言われて彼の答えた言葉が、

「いずくんぞ政をなさん」

でした。儒教的に言えば、「自分の周りのコミュニケーションを整えること」が「政」であって、政治家だけでなく、普通の人々も、日々の生活で「政」を行っている、という意味です。

つまり政治とはコミュニケーションのアート（技術であり芸術）である、と。

二〇一三年夏の参議院選挙では、ミュージシャンの三宅洋平氏が街頭でライブをするなど既存概念に囚われない選挙活動を展開、一七万票もの票を集めました。

「ファシスト」を自称する活動家の外山恒一氏は「自民党ほめ殺し作戦」と題し、

「こんな国もう滅ぼしましょう原発で」

をキャッチフレーズに日本中をカンパを募りながら（ツイッターなどで告知するとちゃんと応援する人々が現れて）街宣車で回り、演説を行いました。

スマイル党党首・マック赤坂氏は候補者政見放送にマハトマ・ガンディー風のスタイルで現れ、

「スマイルで日本をポジティブに」

と訴えました。袈裟がオレンジ色で、ガンディーのトレードマークの白衣ではなかったので、むしろダライ・ラマに見えたところが残念でしたが、彼の公式ホームページを覗くと「マニフェスト　８大革命」として、「恒久平和」「弱者救済」を基本理念とする八つの改革案が並んでいます。彼は自民党の首脳・候補者の集結する選挙最終日の秋葉原に、ロールスロイスで単騎突入し、執拗な妨害と怒号の中で主張を続けるという死闘を展開しました。その様子がYouTubeで見られます（http://www.youtube.com/watch?v=k5nwNv_wTZg）。

彼らの前では、脱被曝を訴えて当選した山本太郎候補の闘い方ですら、ワンテーマで体制派の逆を突くという、懐かしい社民党的選挙活動のようで、少し古い感じがしたほどです（古いから悪いというものでもありませんが）。

今はまだ、彼らのような言動は泡沫候補とひとくくりにされてしまうものかもしれませんが、人々の「政治」のとらえ方が変わりつつある兆候だと私は考えます。三宅洋平氏の活動は、ＮＨＫのクローズアップ現代など、多くのテレビ番組や新聞でも取り上げられました。

実は、年金を守ろうとする老人に担がれた安倍首相のような体制派は、人々のコミュニケーションを破壊し、分断し、整備することを放棄させようとするのです。

なぜならそうしてバラバラの人たちの前に立って自分が結節点になり、「面倒を見ますよ」と甘い言葉を掛ければ、権力を掌握できるからです。

これに対抗するには、「自分の生き方」をする以外にありません。

そしてそれは、大変なようでいて、案外簡単なことなのです。

政治の最前線があなたの心の中にある

現代史を紐解きます。成功した市民革命、インド独立、公民権運動、アパルトヘイト反対運動、ベトナム反戦運動……これらは「何かをする」のではなく「何かをしない」運動でした。「イギリス製品を買わない」ですとか、「徴兵に行かない」ですとか、「黒人を差別するバスには乗らない」とか。

ですから突き詰めて言えば、押し付けられたことに対して、自分が納得できないなら、

「ハ？」


と言うだけのことなのです。

会社で、家庭で、自治会で、ＰＴＡで、意味の全くわからない決まりや会議がたくさんあるでしょう。そういう場合に、

「えっ？　それってどういう意味があるのですか？」

と立ち止まって聞いてみましょう。

だいたい相手は言葉に詰まり、怒り出し、遂に「お前にはもう何も言わん！」と向こうへ行ってくれます。

さあこれで、「わけのわからないこと」から解放されました。

これこそが「自分の生き方」を実現するための道です。

これを、「細かいことだから」「ルールだから」「そのほうが手っ取り早いから」仕方ない、と呑んでしまうと、吐きそうになります。ありもしない抽象概念のために人間が動く、これが全くの倒錯だからです。その吐き気を押さえ込めば、もう負けなのです。

私は銀行員時代、今月のノルマを達成するためにお客さんに頭を下げてカードの申し込みをしてもらったり、融資を受けてもらったりしました。

日本では半ば商習慣になっているのであたりまえのように感じますが、よく考えるとこれは完全な倒錯です。お客さんのために銀行員がいるはずなのに、銀行員のためにお客さんが労を取っているのです。ノルマなどという無意味な概念を持ってしまったから、こういう異常なことをしでかすのです。こういうことを続けていると、何がなんだかわけがわからなくなって、自分の中に、フランケン・イッポンマツをズドーンと立ててしまうようになるのです。

「自分の生き方」ができる人が一人いれば、その周り一〇〇人に影響を与えるでしょう。影響を受けた一人ひとりがまた一〇〇人に影響を与えれば、一万人になります。次は一〇〇万人、そして一億人です。

ほら、日本が取り戻されました。

一人ひとりが変わっていけば、あっという間に全く違う世の中になっていくのです。

このことを、孔子から二五〇〇年後の偉大な歌手にして思想家、マイケル・ジャクソンは「JAM」という曲の中で、歯車になってスムーズに動くのではなく、そこで立ち止まれ、と呼びかけました。そして名曲「Heal the World」では、

Make a little space
Make a better place

と歌いました。「小さな場所をつくろう。ましな場所をつくろう」という意味です。その小さな場所は人々が「なぜ?」と立ち止まって、JAMする時に生まれるのです。そしてそれこそが、

Heal the world

すなわち「世界を癒す」ということの内実です。

「私が生きているこの世界を変える」

政治の最前線は政府や政治家にあるのではなく、私の、そしてあなたの心の中にあるのです。

今後、安倍政権や日本の政治システムはどうなるのか

章の最後に、日本の政治システムの将来展望について、安倍政権にも影響のありそうないくつかの要素を素描してみます。

まず印象深かったケースとしては、シリア問題に対する世界の反応が挙げられます。

二〇一三年九月、化学兵器の使用を疑われたシリア・アサド政権に対し、アメリカ・オバマ政権が軍事行動を起こそうとしました。しかしこの時、イラク戦争では率先して賛意を示したイギリスでは、キャメロン首相が、下院での批判の噴出を受けて「否」を唱える事態に追い込まれました。これを受け、また世界からの批判を浴びて当のオバマ大統領も突然、意思決定を議会に丸投げする挙に出ます。そして機を見て乗り出したロシア・プーチン大統領の「化学兵器の国際管理」という提案があり、結局武力行使はとりあえず中止されました。

イラク戦争の根拠、「大量破壊兵器の存在」が大嘘であったとわかっている今、どこの国の国民も「もう騙されんぞ」というところでしょう。

結局、どこの国どんな選挙制度であっても、議員は当選しなければただの人です。有権者が個々の

議員に対して「いいかげんにしろ！」と言えば、それより強い天の声はありません。

日本の場合、小選挙区制に加えて党議拘束がありますから、党の統制が利きやすいようにみえますが、モノは考えようです。小選挙区ということは強力な対立候補がいるということで、「それに賛成するならあっちに入れる」という有権者の脅し、いや、正当な要求が効きやすい制度、とも言えるでしょう。

特に地方議会の場合、各地の歴史的な経緯もあって、中央とは全く様相の異なる選挙戦が見られます。数千票が当選ラインの市議会議員選挙ならば、より「一人の声」は候補者に強く響くでしょう。

ネット選挙解禁直後の一三年夏の参院選だけ見ますと、それほど民意の動き方に変化はないように思われるかもしれませんが、この「普通の人々が情報を摑んで反応する」という流れそのものは止められないと思います。

そういう時代において、不確かな情報を元にその場しのぎの耳あたりのいい言葉を並べる政権が、長持ちするでしょうか？

私はそうは思えないのです。

また、当の自民党の中にも、対抗する勢力がないわけではありません。

その急先鋒がよりにもよって小泉純一郎氏です。また「自民党をぶっ壊す」つもりかもしれません。

二〇一三年九月二四日、経済誌の記念講演で「原発はゼロにすべきだ、しかもできるだけ早く政治はゼロの方針を決断すべきだ」と断言しました。その後も講演のたびに「原発ゼロ」発言を繰り返しています。一一月一二日には、日本記者クラブで記者会見し、「即時ゼロがいい」と時期についても踏み込んだ発言をしました。大手マスコミもさすがに小泉氏の言葉となると取り上げざるをえません。そしてついに、東京都知事選で彼の支援する細川元首相が即時脱原発を掲げて立候補する事態になりました。

もちろん発言どおり、事故後に学習を通じて本当にそう思ったこともあるでしょうし、期待の若手である息子（小泉進次郎・衆院議員）の援護射撃という穿った見方もできます。また、戦国の世、真田家が父と弟は西軍に、兄は東軍に付いたような、「もし今の方向が行き詰まったらバックアップがある」という合理的な政治戦略なのかもしれません。

ともあれ原発再稼働まっしぐらの現政権に対して、強力なアンチテーゼであることは確かです。現政権の具合が悪くなってくると、こちらに「乗る」人が増えてくるでしょう。原発論議を自民党内で行うことで、他党を完全に埋没させてしまうことができる、という政治感覚はさすがだと思います。

原発だけではなく、集団的自衛権や憲法改正、秘密保護法にTPP、どれ一つ取っても政権がひっくり返りかねない大きな課題がてんこ盛りです。先述のとおり「高支持率」だけが党内や公明党との接着剤ですから、これがちょっとしたキッカケ、たとえば消費税増税によってガクッと景気が悪化して支持率が低下すれば、一気に「安倍おろし」や政界再編が起きるかもしれません。

体制派、特に官僚というものは「今のゲームを前提とし、そこで得点を稼ぐ」という視野狭窄《きょうさく》に陥りがちであり、そのため暴走しやすいのです。戦争が起きようが起きまいが、首相が安倍から鰯の頭に変わろうが知ったことではありません。

このことは何を意味するかと言うと、彼らは「今のゲーム」が脅かされない限り安倍政権を支えますが、逆に言えばそうであれば別の政権に切り替わることに特に異論や抵抗はしない、ということです。つまり、都合が良ければ利用するだけであって、何があっても守ってくれるわけではないのです。

アメリカも、見てきたようにガチガチの保守派は、安倍首相に利用価値ありと見ているようですが、オバマ大統領本人はどうも随分個人的にお嫌いのようです。とにかく首脳会談をやりたがらない、国連で「積極的平和主義」とブチ上げて秋波を送っても反応が薄い、など、長い日米関係の中でもこの両首脳の距離の遠さは、ちょっと異例に思えます。もちろん、中韓との関係は悪化したまま積極的な外遊をするといっても、「歓迎してくれる新興国ばかりを選んで行っている」という批判もあります。つまり何か外交的な得点によって政権の浮揚が図れるような環境にもないようです。

この政権は、確固たる戦略によって実績を重ねて支持を得る、というタイプのものではなく、「なんとなく」存在しているので、ちょっとしたキッカケであっという間に崩壊する（あるいはまた投げ出す）ように思います。

しかし逆にいえば、憲法論議で批判を浴びるとトーンダウンしたように、本人にこの「なんとなく」をキープしようという意志が見られるので、無理をせずにいれば意外に長期政権になるかもしれません。それは問題の先送りという意味で、日本にとっては不幸なことですが。

近世江戸に範を求める政治改革

前節で「人々のコミュニケーションがまっとうになっていけば、政治も変わるだろう」と述べましたが、それではあまりに迂遠で抽象的過ぎる、何か具体的な政治改革案を出せというのなら、いくつか案はあります。

まず首相月番制です。

五人ぐらいの首相が月替わりで政治を担当し、重大な問題は合議するのです。一見すると、唐突に見えますが、日本の伝統に鑑みれば、ごく普通の考え方です。江戸時代の「老中」という集団指導体制は、そのようにできてました。西洋風・大陸風の「リーダーシップ」という概念のない我々日本人には、こちらのほうが馴染むのではないでしょうか。

一人ずつ月替りで担当して、大事なことだけ五人で相談する、というのは、実に効率的なやり方です。非番の人が儀礼に出れば、仕事中の首相は仕事が滞りませんし、非番の首相が四人もいますから、外国からのお客様もいつでも日本国首相に会えることになります。災害などの突発的事態があっても、誰かがすぐに対応できます。

こうすると、日本人らしい「気配り」が発動して全員でうまくやるのだろうと考えます。村祭りでも、どこの村でも毎年毎年、なんとなくうまく開催されているではないですか。傑出したリーダーなどいなくても。

やれもしないのに一人にやらせようとするから、テンパって「トレモロす」とか訳のわからないことを言い出すのです。また、その寂しくて不安な一人に取りいれば権力を握れるので、「側用人」的なろくでもない人間が発生して、政治を歪めるのです。

しかも、日本国憲法を紐解くと、首相を「一人」指名するとは書いていません。

第六条　天皇は、国会の指名に基いて、内閣総理大臣を任命する。

とあるだけであって、別に何人指名してもいいのです。首相月番制への移行には、憲法を変える必要はありません。国会が複数の人を指名すればよいだけです。

民主党も、小沢・鳩山・菅のトロイカ体制の時、役割分担ではなく全員で代表を当番制でやって、全員で首相に就けばよかったのです。この三人がそれぞれの得意を活かして、たとえば小沢が官僚を動かし、鳩山が国際協調外交を進め、菅が国会で野党自民党を恫喝《どうかつ》していれば、かなりマシな政治ができたのではないかと推察します。

それを言うならさらに昔、「三角大福中」の時代（自民党に三木武夫、田中角栄、大平正芳、福田赳夫、中曽根康弘の五人の実力者がいた）、この五人が老中となって日本を動かしていれば、どのぐらい常識的で偏りのない政治ができたでしょうか。彼らは実際には順番に総理大臣になったので、ある意味で「当番制」を無理やり実現していた、と言えなくもありません。しかしそのために、無駄な権力闘争をやって、エネルギーを浪費していました。こんなことをするくらいなら、全員で総理大臣になって、当番でやっていれば、ずっと良かったのです。

日本の会社も五人ぐらい社長がいたほうがいいかもしれません。よく「集団指導体制は責任が曖昧になって」と言いますが、では東電の経営陣は責任を取りましたか？　巨額粉飾のオリンパス経営陣は？　責任感の有り無しと統治システムとは全く関係がないように思えます。

中央政治を「老中」体制にするのと同じように、地方政治も同様に、幕藩体制に戻します。県知事ではなく藩主。藩主に統治の全権を与え、その藩を盛り立てるように必死で働くようにするのです。言ってしまえば「地方分権」なのですが、そう言うより、

「藩にします」

「この人が殿様です」

「府庁ではなく大阪城」

のほうが未だに日本人にはピンと来る、と思うのです。

サイズも細かくして「三百諸藩」にしてもいいかもしれません。今もたとえば津軽と南部、鳥取と米子、福島と会津など、どう考えても違う文化の同居している県はたくさんあります。

私は大阪の南のほうで育ったので河内国の「せやんけワレ」的な血が濃いのですが、招聘教授を務

めている大阪大学は北大阪にあって摂津国で、京都や東海道の香りが漂い、かなり文化が違います。同じ大阪府にありながら全く別の「国」のようです。

廃藩置県以来一四〇年経ってもこの有り様なのですから、もう一度戻してみてもいいと思います。

そして国民いや藩民には、選挙権の代わりに「引越権」を与えるのです。四年に一度、国のお金で引越しができる。仕事も斡旋してもらえる。どこへでも行けるとなると「善政の誉れ高き」「住みやすい環境」に人が集まります。それをインセンティブとして行政、いや藩政をがんばらざるを得ないでしょう。選挙なんていう無駄なことをするために投票所に足を運ぶ代わりに、引っ越しという方法で、「足で投票」するわけです。

その政治が数字で評価されてしまうわけですから、企業と同様、業績の上がらない藩主は藩内会議でとっちめられて、「主君押込」になったり、隠居させられたりするでしょう。江戸時代に、実際に、そういうことが頻繁に行われていました。

中央政府、いや幕府は、藩政にはできるだけ関与しないようにすべきです。しかし、藩民からの訴えが頻繁に来るような場合には、放置すべきではありません。あまりにも目に余る場合には、改易・お取り潰し、という手段を行使すべきでしょう。そういう制度は用意しておかねばなりません。

私はいたって真面目に議論しています。

人々のコミュニケーション、とりわけ政治システム内でのコミュニケーションが円滑に働くようにするにはどうすればいいのか、平和と繁栄を誇った近世江戸日本に範を求めるのは、あながち的外れとも思えません。我々は日本人なのですから。

日本を取り戻す！

まとめ——真のコミュニケーションが社会をつくる

さて、「安倍政権」の本質をもう一度、政治の視点からまとめてみましょう。

- 対米従属と反中国
- 体制派による、体制派のための、体制派の政治
- 立場なき人々の支持

日本の政治状況については、この三つの本質を思い出せば、政策や意思決定の意味合いがよくわかると思います。

しかしこの三つは、矛盾をはらんでいます。よい例が消費税増税です。

消費税増税は財務省の悲願です。また、「財政健全化」によって「国債が安定化する」という安心感を得られるのは体制派の人々です。庶民にはほとんど関係がありません。

ですが消費税増税はその庶民、特に立場なき人々を直撃します。

八九年、竹下登政権での導入時、また九七年、橋本龍太郎政権下での三％から五％への増税時を見

てもわかるように、消費マインドが冷え込み、アップ前の駆け込み需要に対する反動もきて、不景気に突入します。竹下政権も橋本政権も消費税で潰れたと言っても過言ではありません。

それらの時代に対して現在は経済状態がさらに悪化していますから、今回も上げれば間違いなく景気は悪くなり、立場なき人々が不満を爆発させるでしょう。

それでは、ということで景気対策を打つわけですが、現在検討されているのは法人税減税を始め大企業など体制派が潤うタイプの財政出動が多く、庶民にまでその果実が回るかは疑問です。「アベノミクス」を支持する金融緩和論者、たとえば前掲の浜田宏一氏などですら「もっと慎重に景気を見定めろ」と釘を刺すほどです。

もし予想どおりに景気が悪化すれば、不満が高まり支持率を落とし、実体のない「高支持率」以外に特に説得力を持たない安倍政権は簡単に崩壊しかねません。

体制派の人々にしてみれば、次はそれこそまた麻生太郎でも石破茂でも担ぎ出して鰯の頭をすげ替えればいいだけの話で、増税さえしてくれればいいのです。

これが安倍首相の「消費税増税＋財政出動」という矛盾した政策の中身です。

この矛盾から目を逸らさせることができる手が戦争なのですが、世界各地の紛争に対応するので手一杯、議会に対しても半ばレームダックと化しているオバマ政権の間はそういう火遊び、特に中国相手のそれは許されないでしょう。

むしろそれゆえに、集団的自衛権の確立とそれを根拠にした「どこかの戦争」への自衛隊の積極的

な参加、を目論んでいるのかもしれません。ですがもしそのようなことになれば、

- 戦争で儲ける体制派
- 戦争で憂さの晴れる立場なき人々

以外の大多数の日本人にとって全くなんの利益もない、悲劇以外の何物でもありません。

ここまでで、現在の安倍政権の戦後政治における立ち位置、それを支持する人々、そして誰のために何をやろうとしているのか、の輪郭が描けた、と思います。

安倍総裁が言おうとした「日本を取り戻す」とは、

- 体制派が非体制派を切り捨て、国の富を「取り戻し」て自由に使う
- 立場なき人々が日本人という立場を「取り戻す」

ということだったようです。

我々の対抗策としては、

- まっとうなコミュニケーションを取り戻す

ことです。

日本人がなぜ「トレモロ」を欲しているかといえば、心の中が空洞化しているからです。そのために カーボンの軸を挿してくれ、クレーンで立たせてくれと求めるのです。これは後ほど詳しく議論したいと思いますが、安倍首相はその不安に付け込んで、

「『自立』せねばなりません！」


と叫びます。我々のカーボンとクレーンを支持しなさいと。

しかしこれこそが間違いで、「自立」とは自分でカーボン棒を探したりクレーンを調達したりすることではありません。自分で根を張る、つまり多くの人とのつながりを作り、おたがいに頼れる関係を保って、何十本もの木がすっくと立って、森になり、豊かな里山が育まれる。これが「自立」です。

ではなぜ私たちの心が空洞化したかと言えば、この章で見てきたような矛盾と切り捨てが、私たち自身の心を蝕んでいるのでしょう。

弱い立場の人に手を差し伸べない、それはその立場に自分が立った時に、助けてもらえないことと同義です。人間誰しもこの程度のことが理解できないわけはありません。それでもなおそういうことをしようとする人、それを支持する人の無意識には、その恐怖が刻み込まれてしまうのです。ですからさらにその恐怖を隠蔽しようとして、心の弱い部分を覆い隠し、それがまたコミュニケーション不

全を生むのです。

戦後の政治環境は、高度経済成長とバブル経済を引き起こすことで多くの日本人に、「記述された何か」が必要だ、と思い込ませてきました。

お金やマイホーム、仕事・配偶者・子ども、法律や権威の言葉、TV・新聞の番組や記事、そして立場。「自分の心の感じたこと」よりもそれら「記述されしもの」に基準を置く習慣付けがなされたことで、人々の間のコミュニケーションは極端にガクガク・ギクシャクしてしまいました。

心に思ってもないことをおたがいがどんなに並べても、安倍さんのように息を吐くように嘘をつく人同士の場合には、真の意味でのコミュニケーションなど成立するはずがないのです。

それでは社会は成り立ちません。まずここを、なんとかせねば。そのためには、

「Make a better place.」

です。

さて、次章では経済面から、いよいよ魔法のバズワード「アベノミクス」を解剖してみたいと思います。

第二章　アサッテに矢を放つ「経済」政策

——ヴィジョンなきアベノミクス

アベノミクスは成功すればするほど失敗する

この章では、安倍政権の経済政策、いわゆる「アベノミクス」について検証していきたいと思います。

安倍政権の初動の支持率の高さはこの政策への期待と、初期の成功（のように見える各種指標）に依って立つところが大きいと考えられ、ということはこの政策の成否によって、政権の命運は大きく左右される、と考えられるからです。

まずはその「アベノミクス」とは具体的にどういうものか。これは、

「日本を苦しめ続けるデフレ経済を克服するために、インフレターゲット設定など大胆な金融緩和を始めとする各種政策を打つ」

と言われています。それには三つの基本方針があり、それが通称「三本の矢」と呼ばれる、

一　大胆な金融政策
二　機動的な財政政策
三　民間投資を喚起する成長戦略

です。

まず結論から申し上げますと、私はアベノミクスは無残な失敗に終わる、と予想します。一年あるいは数年という期間には、あるいは各種経済指標、たとえば成長率、GDP、失業率といった数値が改善したように見え、好景気気分に沸くこともあるかもしれません。が、この政策が「成功に見える」時期が長くなればなるほど、後の世から「あれが失敗だった」と思われることでしょう。

なぜか。根拠は、簡単です、「ヴィジョンがないから」に尽きます。

上記のような指標は、人間の健康で言えば体温や血圧のようなもので、「アベノミクス」は言うなれば、

「体温が低いからカイロで温めよう」
「血圧が低いから昇圧剤を飲もう」

と言ってるようなもので、確かに体温や血圧は平常値に近づくかもしれませんが、原因を突き止めそれを取り除こうとしているわけではないので、健康が取り戻せるはずがありません。むしろ、そんなことを繰り返せば、身体に悪いはずです。

では一体、何が日本の経済の根本的な問題なのか、そこをまず見てみることにしましょう。

構造的変化をもたらす外的要因

「経済」はそれだけで独立して存在しているわけではなく、もちろんのことながら、「社会」の一側面に過ぎません。どういう側面かというと、「貨幣」という観点から見た側面というのが普通の考え方でしょう。

ですから、社会の変化、今の場合は「現代日本社会の変化」を注視すること抜きに、経済の変化を語ることはできません。このような観点を欠いている経済政策は、体温だけに注目する医師の処方のようなものです。

私は、高度経済成長期からバブル時代までの、「調子の良かった日本」と「現在の日本」の大きな構造的変化の外的要因として、以下の三点がある、と考えています。

一　高齢化の進行
二　中国の復活
三　コンピュータの出現

順に見ていきましょう。

まず一、「高齢化」は人類が経験したことのないすさまじい勢いで進みました。当然、多数の老人を少数の働き盛りで支えるという国家をどう運営したらよいのか、世界の誰一人知りません。これがまず、政治と経済の混乱を招いています。どこをどうやれば何が起きるか、誰にも予測がつかないのですから、当然です。

その最も象徴的なものは年金問題です。

年金は小泉政権下の二〇〇四年、竹中平蔵経済財政担当大臣が旗振り役となって成立させた「一〇〇年安心年金」が、わずか七年で破綻しました。

政府・官僚の毎度の手口ですが、物価上昇率、賃金上昇率、運用利回りなどで都合のいい大甘の予測を並べて、現実はそのとおりにはいかず、結局破綻する。

ある試算では、いま七〇歳ぐらいの方が払った額に対してもらえる額が三〇〇〇万円プラス、今五〇歳ぐらいの人がトントン、三〇歳ぐらいの人ですと三〇〇〇万円ほど損をするらしいです。こんな制度にホイホイとお金を払ってくれるおめでたい若者はそうはいません。

この、既に八〇〇兆円とも九〇〇兆円ともいわれる欠損を埋め合わせるのに、魔法の杖はありません。保険料を上げるか、給付を下げるか、支給年齢を上げるかしかないのです。

維持ができなくなったら、崩壊します。

その時の混乱は相当なものでしょう。人数・投票率ともに巨大な高齢者層が一斉に反発するわけですから、政権がいくつ潰れるかわかったものではありません。

お気づきのように、この問題のむずかしい点は政治システムのところで指摘した「体制派」「非体制派」という分け方ができず、「高齢者」「非高齢者」という分け方になる点です。

非体制派でも高齢者は現在の年金システムをできるだけ維持してほしいし、体制派でも現役の、特に若い世代はできるだけ削って財政負担を減らしてほしいと考えています。単純に多数決すれば、「現状維持」になるに決まっていますが、それで得をするのは、高額の年金を受け取ることのできる一部の高齢者だけです。そしてシステムは急速に破綻に向かいます。

国全体の経済の上で高齢化における年金・医療・福祉などが高負担であることは間違いなく、しかもこの人口構造は少子化に歯止めがかかってない以上、今後二、三〇年は変わらないので、

「想像を絶する高齢化社会が今後も続く」

という前提で経済を見ないと、何も見えてこないことになります。

中国の世界的地位向上で薄らぐ日本の存在感

二番目、「中国の復活」です。

もはやクドクド言うまでもありませんが、一三億の人口を抱え世界第二位の経済大国に踊り出た中国の存在感は、九〇年頃とは比べ物になりません。

しかも、中国という国は世界史を紐解いても元々巨大な国であり、二〇〇〇年間アジアに君臨し続

け、周辺諸国に多大な影響を与え続けてきた大国です。それが一〇〇年余りの落ち目な時期を経て復活を遂げようとしているわけで、ゼロから立ち上がるならともかく、こうした「元に戻る」ような動きはまず止まりません。

中国の復活によって、地政学上、日本は世界の隅っこにひっそりあった「極東」の国から、アメリカと中国という二大勢力に挟まれた「ど真ん中」の国になってしまいました。今ではイギリスあたりが「極西」なのです。

「冷戦期もアメリカとソ連の間にあったのでは」

という疑問を抱かれるかもしれませんが、米ソの間に挟まっていたのは、主としてヨーロッパでした。また、こと経済の面から見ますと、ソ連という国は特に冷戦期はずっと落ち込んでいったのであり、日ソの経済的つながりも小さかったのです。

日本の対中貿易額が対米貿易額を上回ったのは二〇〇四年。二〇一一年には実に対中は対米の倍の数字です。

ちなみにバブル絶頂期一九九〇年の対中貿易額は対米貿易額の約四分の一（二〇・六兆対四・八兆）でした。

さらに問題を複雑にしているのは、中国から見て対日貿易よりも対ＥＵ、対米貿易の伸びが著し

く、たとえば一三年七月の統計では、

対日　　二七〇億八〇〇〇万ドル
対EU　　五〇三億三〇〇〇万ドル
対米　　四四三億一〇〇〇万ドル
対ASEAN　三七一億七〇〇〇万ドル

となっています。

このように米中関係は経済的には既に日中・日米を上回る緊密な関係になっています。

このことは何を意味するかというと、日本と中国の関係が悪化して貿易を始めとする経済的関係が滞った場合、アメリカや欧州がその分を奪い取ってしまう、ということです。

現に一二年九月、尖閣諸島国有化問題を発端に中国各地で反日デモが吹き荒れ、トヨタ、ホンダ、日産など日系の自動車メーカーが生産一時停止に追い込まれました。ロイターによれば総額二億五〇〇〇万ドル、約二〇〇億円（当時）の損失につながった、と言われます。

この分をまるまる、フォルクスワーゲン（ドイツ）やフォード（アメリカ）、ヒュンダイ（韓国）がかっさらっていったわけです。

それればかりではありません。日本と中国との間に深刻な対立が生じた場合、アメリカやEUは、自分にとってより影響の大きい方を支援せざるを得なくなります。それは今では少なくとも経済的な数字の上では、中国の側だ、ということを意味しています。

もちろん中国の他、インドやブラジル、ロシアなどの経済的な存在感が高まっているのは言うまでもありません。今までなら日本株を買ってくれていた外国人投資家たちも、リターンの見込めるこうした国やその企業にシフトしていきます。もはや九〇年頃までのように、アメリカだけを見て言うことをハイハイ聞いていれば経済的にはだいたいOKだった時代は、既に終わっているのです。

そして、三つ目は、「コンピュータの出現」です。

産業革命以降、「近代」において何が一番大きな変化かと言えば、巨大で複雑な「機械」が出現し、それを動かす必要に駆られたことが挙げられるでしょう。

「機械」というものは、「作動」によって何か物を加工したり、動かしたりするわけですが、動かし始めればこれをほったらかしにするわけにはいかず、「監視」し、故障や問題が起きれば「修正」する、このサイクルを回すことが必要になります。つまり、機械は、機械だけで勝手に動くことはできず、必ず、人間の監視と修正という関与が不可欠だったのです。

このため、「巨大で複雑な機械を多数動かす」という行為には、多数の人間が、機械にあわせて、それも一糸乱れぬチームワークで自分の持ち場を守るような、そんな人間の群れが必要でした。

これに、日本人は異常にフィットしていたので（なぜかは後ほど議論します）、明治維新以降の富国強兵、また敗戦後の経済復興と、近代、二〇世紀、機械の世紀において奇跡的と呼べるような経済成長がなされたのです。

ところが、ここにコンピュータが出現しました。コンピュータを用いれば、「監視」と「修正」を自動化することができます。これを機械に据え付けてしまえば、それらを行っていた「機械を動かす人間」がほとんど必要なくなったのです。

必要とされるのは、そうした「コンピュータ付き機械」を設計・運用できる少数の技術者と、機械にやらせるのがどうしても面倒くさい作業を担当する、いくらでも取り替えの利く多数の低賃金労働者です。

こうなると製造業は必然的に、安価で広い土地と、安価な大量の労働力がある場所、つまり新興国をめざし、日本から脱出していきます。あるいは日本に残ったとしても、雇用を生まないような自動化の進んだ工場になってしまいます。

製造業が以前ほどの輝きを失ってから「ものづくり日本」などと盛んに言われますが、「ものづくり」という言葉は本来取り替えの利かない一品物、たとえば柿右衛門の陶器であるとか、西陣織の帯であるとか、そういうものに使う言葉であって、同じ工場さえ建てればタイでも南アフリカでも同じ製品ができてしまうものを作ることを、「ものづくり」などとは言わないのです。それは「工場生産」と言います。

景気は条件であって目的ではない

さて、これら三つの大きな変化をそれぞれ言い方を換えると、

一　社会の富をどう分配すべきか
二　アメリカ一辺倒ではなく、多くの国と仲良くする必要性
三　圧倒的な強さを発揮した二〇世紀型（日本型）製造業の、日本からの撤退（商売としての陳腐化）

という問題である、と言えるでしょう。もっとお金の話に単純化してしまえば、

一　稼いだお金をどう使うか
二　誰を相手に稼ぐか
三　何で稼ぐか

と言ってしまえるかもしれません。これらの問題にイノベーションを起こさない限り、日本社会の適応不全は解消しません。

さてここで改めて「アベノミクス」の「三本の矢」を見てみましょう。

一　大胆な金融政策
二　機動的な財政政策
三　民間投資を喚起する成長戦略

先の三つの問題点に答えているような政策でしょうか。

なんの関係もありませんね。三本の矢はアサッテに向いて放たれています。『明日に向かって撃て！』という名画がありましたが、アベノミクスは『明後日に向かって撃て！』です。

繰り返しになりますが、社会構造の変化に対応した経済政策でなければ、成功はおぼつきません。

というよりも、社会構造の変化に対して経済をなんとか良くしていこうと企む施策のことを「経済政策」というのであって、なんの関係もないことをやってうまくいくと考える方がおかしいのです。うまくいったとしたらそれは、「たまたま」です。

ビジネスマンにはお馴染みのP・F・ドラッガーの大変有名な言葉に、

「利益は条件であって、目的ではない」

というものがあります。これを経済対策に当てはめるなら、

「景気は条件であって、目的ではない」

ということになるでしょうか。

景気が上向きさえすれば、すべての問題は氷が解けるように消えてなくなる、という考え方はあまりに倒錯しています。逆です。社会がうまく機能してないから、景気が落ち込んでいるのです。

……とは言うものの、「アベノミクス」が挙げたこの三点、金融、財政、成長に問題が出ている、のも確かです。

問題点の観察は、全体像の理解にある程度貢献するかもしれません。

「熱が出てくしゃみが出て食欲がない、あ、これは風邪かもしれない」

という具合に。

ということでその三点を、いま少し掘り下げてみましょう。

「お金をジャブジャブ刷ると景気がよくなる」は幻想

アベノミクスの目玉、一の矢が、

です。こんな専門的な経済政策について、その賛否で国民的議論が巻き起こったのは、初めてのことではないでしょうか。

「金融緩和」とは超大雑把に言いますと、お金をジャブジャブ刷ることで、そのお金を掴んだ人が何かに使うだろう、そうすれば経済が上向く、という考え方です。

ここまで単純化すると、

「そんな都合よくいくのか？」
「それは既に『持てる者』に有利なのでは？」
「お金の価値が下がってインフレが起きないの？」

など、皆さんにも素朴な疑問が湧いてくると思います。全くそのとおりです。ところが経済の専門家と自称する人々は、

「他でもやってる（特にアメリカ）」
「金持ちに渡ればそれを使うことで貧乏人にも渡る」

「インフレを起こそうとしてるんだ」

などと傲然《ごうぜん》と言い放つ者がいます。

一つひとつに反論もできるのですが、「理屈と膏薬《こうやく》はどこへでもつく」ものです。どちらの考え方を持つ人も、自分に都合のいい理屈を捻り出すもので、特に経済学者はそういう能力に長けています。

たとえば九七年、橋本政権は消費税を三％から五％に引き上げましたが、その直後からせっかくバブル崩壊の痛手から立ち直りの気配を見せつつあった日本経済は奈落の底に突き落とされ、現在に至ります。

この一事でも、ある人は

「これは消費税のせいだ」

ある人は

「いや違う、その直後に起きたアジア通貨危機のせいだ」

と言います。

我々に確かにわかることは、

「消費税増税直後から景気が悪化した」


という「事実」だけで、それがどんな原因なのか、本当のところはわかりません。

そして私は、先ほど言いましたように、これをどんなに研究しても本当のところはわからない、と考えるのです。

経済というのは極めて多数の要素の入り乱れる複雑系であって、一つの要素に注目するだけで流れが読める、と考えるほうが不遜だと思います。

もはや言うまでもないことですが、

「お金をジャブジャブ刷れば景気が良くなる」

というのは幻想に過ぎません。刷った結果悪くなるかもしれませんし、刷ったことと関係なく景気が良くなる可能性もあります。流し台の排水が悪くなっているときに、水を大量に流せば改善することもありますが、本当にどこかが詰まっているときにそんなことをすると、水が溢れだして大変なことになります。

ですから、「金融が滞っている」という現実をよく見つめることで、滞りの原因を探ったほうが、いきなりジャブジャブお金を流すより安全です。原因をよく考えないと、その滞りをきれいに流すヒントは摑めないでしょう。

本当に必要な人にお金が回っていない現実

さて、それでは、一体、何が金融の停滞ポイントなのでしょうか。

私は「銀行の与信能力のなさ」が一番大きいと考えます。ここで私が「与信能力」と呼んでいるのは、お金を貸す相手の信用力を適切に見極める力のことです。

金融、というものは、「お金の融通のし合い」のことです。

この機能を最も大きく担っているのが、言うまでもありませんが銀行です。特にメガバンクと言われる大手都市銀行です。

そして融通するためには、「信用」が必要です。大切なお金を別の誰かに預けるわけですから。

銀行はそのために審査をします。担保の価値を査定したり、事業資金ならばその事業の将来性を検討したり、住宅ローンならばその人の収入やその安定性を診断します。しかしそれ以上に重要なのは、お金を貸す相手が信頼するに足る人物かどうか、です。こういった信用の判別こそが、金融機関の命です。

この機能が、日本の銀行は著しく衰えている、というのが私の見立てです。

与信能力の衰退の結果、大手銀行が貸し出しするのは、

- 大きな担保がある案件
- 政府系金融機関などが組む融資シンジケート
- 何らかの公的保障が期待できる案件

など、誰がどう考えても鉄板の案件ばかりになり、それでもお金が余れば、

- 国債を買う

だけで、本当に必要としている人たち、つまり高い能力と意欲とビジョンがあるが資金がなく、

「お金さえあれば新しい事業を始められるのに……。」

というような人々にお金が回らないのです。

実のところこれは全世界的傾向だと思いますが、外国の実態を私はよく知りません。ですから、ここでは日本についてだけ申し上げます。

このようなことになった、最も大きな契機は、戦争だと思います。

戦前戦中、軍需産業が一番の成長産業だったので、銀行はここにお金を貸せばそれでよかったのです。というより、そうするように政府に強制されました。

戦後すぐも、傾斜生産方式によって「どこにお金を貸すべきか」が明らかでした。

高度経済成長が始まれば、絶対的資金不足でしたから、「お金が余っているところにお金を貸す」という本来であれば本末転倒なことをしていればよかったのです。むしろそうしなければ稼げません。


「銀行は雨の日に傘を取り上げ、晴れの日に傘を貸す」


と揶揄される所以です。

ただでさえ低い与信能力を決定的に破壊したのが、いわずもがな、バブルです。

あの頃住友銀行に勤めていた私もその片棒の端っこのほうを担ぎました。当時はとにかく貸出の数字を上げることが第一であり、多少危ういものでも無理矢理に書類をでっち上げてはお金を貸し付けていました。

たとえば、土地が急激に値上がりする局面においては、急に値が上がれば急に値が下がる危険性もあるので、担保価値は値上がりのペースよりも遅く(小さく)査定しろ、と言われます。金融の、銀行員のイロハです。

ところが当時は、土地の値段の上昇よりも速いペースで査定額が上昇していました。

こんなことをやっていればそれは潰れます。

銀行員二年目、疑問に感じた私は遅い夕飯を一年上の先輩ととっている時に、

「こんなヤバイことやってて、一体どうなるんでしょうね」

「そりゃ住宅金融の保証会社全部潰れるだろ」


と会話したことを覚えています。そんなペーペーでもわかっていたことですから、上層部や政府・官僚が知らない、わからないはずはないのです。

結局、予想どおりバブルは崩壊しました。

しかしその後も、不良債権処理の本格化はおおよそ小泉政権下の〇四年あたりまで一〇年以上ダラダラと放置されたことを見てわかるように、誰も責任を取りませんでした。

これはある銀行マンに聞いた話ですが、大手都市銀行のある重要店舗の支店長は、バブル期に、

「こんなことをやっていてはいけない」

と感じ、支店員に今までどおりの仕事をしろ、本店からの無茶なノルマなど無視しろ、と伝えていた

そうです。

それでは当然業績が上がりませんから、二、三年の後にその支店長は出向させられて出世コースから外されました。

ですがほどなくバブルは崩壊。不良債権で火だるまになった他の支店と違い、彼の支店は健全さを保っていたわけです。この時に、

「いややっぱり君の言うことが正しかった、戻ってきてくれ」


とはならないのがサラリーマン社会のイヤラシイところで、この支店長は冷遇されたまま。結局、国民負担まで要求したすさまじい不良債権を作り出した他の人々が、責任も取らずに経営陣に居座ったわけです。

これは日本に限らず、リーマン・ショックの際にアメリカでも住宅金融会社の取締役がものすごい額のボーナスを平然ともらって非難を浴びました。覚えておられる方も多いでしょう。

私はこうして、銀行が与信の根幹である信用判別能力を失っていったのだと思います。具体的にはバブル期は誰にでも貸す、バブル以降は誰にも貸さない。

銀行では「銀行は社会の公器である」というスローガンがよく言われます。なぜならどこにお金が回るかによって社会のあり方が左右されるからです。そのために銀行は、信頼しうる立派な人を見出

し、社会にとって意味のある事業に資金を回さねばなりません。しかし、信頼に足る人物を見出すことができるのは、信頼に足る人物だけです。意味のある事業を見出すことができるのは、意味のある仕事をしている人だけです。命令されたり、ノルマを掛けられたりしたら、ホイホイどんな無意味な仕事でもこなすような人物は、信頼に足る人物ではないのです。

そうやっておかしなことをした人間が上に残ったわけですから、その下の人間もおかしなことをし続ける以外にありません。そんな人間が新入社員を取るのですから、この新人が信頼に足る人物である可能性は極めて低いのです。それゆえ与信能力なんか、決して身につきません。

ある政府系金融機関に勤める方が、融資のシンジケートを組んでいるメガバンクの担当者たちと会った時、後学のためにと、

「おたくではこういう案件の場合、どのように審査されているのですか」

と尋ねると、

「あのねぇ、あんたら政府系で暇やから審査なんてやってられるんですよ。僕ら忙しくて、審査なんかできませんよ！」

という強烈な一撃が返ってきたそうです。

これが日本の「金融」の実態です。

ですから、「金融の仕組み」を本来のような、「与信能力」を高めて、「お金さえあれば」という信頼に足る人にうまくお金が回るようにさえすれば、景気や成長に対しても大きなインパクトがある、と考えるのです。

「決信分離」で金融機能を取り戻す

そこで私の提案は、与信能力を欠いた都市銀行（メガバンク）から与信機能を剥奪し、決済機能だけにしてしまう、というものです。

そうすれば地方の信金信組（信用金庫・信用組合）が、その場その場で人を見て審査し、与信する他ありません。こうしてはじめてお金が地方に回ります。これは日本開発銀行の出身で、大阪大学で日本経済論を教えておられる尾崎雅彦さんが「発送電分離」にヒントを得て提唱された「決信分離」という考え方です。尾崎さんによれば、「決信分離」とは、

装置産業的性格を持つ決裁業務に特化した銀行と、特定の地域や分野について、高度な信用情報生産を行う信用創造に特化した銀行が、役割分担して金融を担うシステム

のことです。私はこの尾崎さんの独創的なアイディアが、日本を救うのではないか、とさえ考えています。

そのことが正しい「お金の融通」、つまり「金融」を取り戻す近道である、と思います。これは一つの極端な施策の例ですが、このように「金融の機能を取り戻す」ことが必要であり、デフレだ、インフレだ、にいちいち対応するのは、先述のように血圧を測って昇圧剤と降圧剤を交互に打つようなもので、健康を害するばかりであって、根本的解決にはなりません。

このようにアベノミクスは、まず目玉からして的外れなのです。

アベノミクス批判の一つに、「そんな金融緩和をしたらハイパーインフレが起きる」という懸念があります。

私は以前、貨幣の生成と崩壊をコンピュータ・シミュレーションを用いて研究したことがあるのですが、ハイパーインフレ、つまり貨幣そのものの崩壊というのは、結構簡単に起きます。

なぜならそれは、心理現象だからです。

いや、貨幣そのものが実は心理現象で、人々が紙切れやコインや記号を「これは貨幣だ」と思うから貨幣になっているのであって、この「思い込み」が綻びた瞬間、雪崩を打って貨幣は崩壊し、ハイパーインフレが起きるのです。

ここで思い出すのが応仁の乱です。応仁の乱といえば大規模な戦乱の結果、日本というシステムを根底から作り変えてしまい、「近現代史を知りたければとりあえず応仁の乱までさかのぼればいい」

というほど画期的な出来事でしたが、この原因というのがよくわからないのです。桜井英治さんという優れた歴史学者によりますと、日野富子という将軍の奥さんがいろんな武将や公家に二枚舌を使い、自分に権力と富が集中するように仕組んだ、という些細な出来事がキッカケのようです。桜井さんは、そんな小さなことで日本という社会全体のシステムが崩壊してしまうような大混乱が起きうるのだ、と指摘しておられます（『室町人の精神』講談社、二〇〇一年）。

このぐらい、社会全体を覆う「信用」というものは儚《はかな》いものです。ですからそれを毀損《きそん》するような行動、つまり権力者の嘘やデタラメは、社会そのものを壊す危険がある、最悪の反社会的行為なのです。「異次元の金融緩和」というのはそういう危険性をはらんだ政策です。

国家予算の私物化

さて、アベノミクスの二の矢が、

二　機動的な財政政策

です。

財政政策、特に公共投資の無駄については散々語られているので、さすがに国民にも浸透しており、現に民主党の「コンクリートから人へ」の合言葉は多くの有権者の気持ちと票を惹きつけました。

しかし八ッ場ダムを始めとして「無駄な公共事業」はほとんどが止められることなく、結果としてそれ以前の自民党政権下にも増してのバラマキが行われ国の借金は膨らみました。

なぜこのような無駄遣いが止められないのでしょう。

実はこれは構造的な問題であって、個別の案件を一つずつ精査して潰せば解決する、そういう類いの問題ではないのです。国がお金を使う、つまり財政出動すればそれはすなわち無駄遣いである、というこの構造に、「財政」の一番の問題点が潜んでいるのです。

この問題にいち早く気がつき取り組んだのが、民主党の衆議院議員であった石井紘基《こうき》さんでした。石井さんは一九六五年から七一年、つまり冷戦期にソ連はモスクワ大学大学院に留学、博士号をとりました。彼はソ連という国の実情をつぶさに観察し、七〇年に既に、

「この国は崩壊する、いやもう崩壊している」

と予言しました。

肥大した官僚機構によって国家が機能不全を起こしている、と見抜いたのです。そしてその予言どおり二〇年後、ソビエト連邦は崩壊します。そして恐ろしいことに、石井さんは日本社会が、ソ連と同じことになっている、と考えました。

そこから彼のライフワークは、日本という国を同じ目に遭わさせないための「国家の無駄遣い」を

追及する活動となります。

ポイントの一つは国の予算に一般会計と特別会計がある点です。本来国の予算は一般会計にて一元的に管理されるべきものですが、財源（収入）のある特定事業の場合、むしろ一般会計に混ぜてしまうと収支や損益がうやむやになって良くない……という建前から、切り離して会計されるものが特別会計です（一般会計とのやりとりもあるので、完全に独立してるわけでもありません）。

年金、財政投融資、国有林野事業、社会資本整備事業（旧道路整備特別会計）、電源開発促進勘定……と聞いただけで怪しいものが並びます。

さらに問題点は、一般会計は国会での予算審議があり野党や国民の厳しい視線に一応は晒されるものですが、特別会計はそういう厳しいチェック機構がない点です。

石井さんは第一五四回国会（〇二年）において、一般会計、特別会計、財政投融資から重複部分を計算、日本の年間歳出（国家予算）は約二〇〇兆円あるのではないか、と指摘しました。この年の一般歳出は四七兆円強。つまり私たちの知らないところで残りの四分の三のお金が動いている、という指摘です。

簡単に言うと、

「いま国がいくら使っていくら稼いでいくら借金があるか、誰にもわからない」

のです。

私はもともとは「満洲国」の経済史を専門としています。『「満洲国」の金融』という本で博士号をとったのです。この研究で私は、満洲国の後期のすさまじいインフレーションが、「特別会計」を通じた各種産業へのとんでもない資金散布の結果として生じたことを明らかにしました。満洲国政府などというものは、実際には日本の傀儡《かいらい》でしたから、どこをどう使ってもよさそうなものですが、それでも日本から出向してきた官僚は面倒を避けようとして、このルートを見出したのです。特別会計というのは、どうもろくでもないシロモノだな、と私は思いました。

そしてこの特別会計、うやむやなお金に、たくさんの企業がぶら下がり、そこへ役人が天下りする。むしろ、役人は天下り先を確保するために、国民の目を盗んで適当な「事業」をでっち上げ、何十年間も全く無意味なことに予算を付け、そこへ天下って上は数千万円下は数百万円の年収を掠めとり、さらには「わたり」といって退職金をもらっては別の天下り企業にまた天下って何年か美味しい汁を吸うのです。

この国家予算の私物化について敢然と立ち向かった石井紘基さんは、二〇〇二年一〇月、自宅の庭先で自称右翼の男に暗殺されました。

裁判中は動機を「金銭トラブル」としていた犯人は、のちに獄中で「本当は頼まれた」とＴＶ局の取材に答えています。最高裁は「金銭トラブル」という動機を信用することができない、としました。

もちろん真相は闇の中です。

しかし石井さんの命を賭けた訴えによって、この問題は党派や左右を超えて広く知られるようになり、たとえば〇九年、塩川正十郎・元財務相（自民党）の、

「母屋（一般会計）でおかゆをすすっているときに、離れ（特別会計）ですき焼きを食べている」

という発言は有名になりました。あるいは石原慎太郎・元東京都知事も、

「国の会計が複式簿記でないのは北朝鮮、パプアニューギニアなどわずかだ。バランスシートなど財務諸表がない」


と指摘しています（東京都は彼の知事時代に企業会計の考え方や、複式簿記を採用、外部監査を入れています）。

「アベノミクス」では、

二　機動的な財政政策

と謳いあげ、特に大規模な公共投資（国土強靱化計画）を目論んでいます。

しかしここまででおわかりのとおり、公共投資の是非や、その対象についての議論の前に、

「いったい何にいくら使われているかわからない」

現状では、何にお金を使うにせよ、有益な使い方などできるわけがありません。もう十分使っているところに無益に突っ込んだり、全く足りてないところにケチったり。いわば、お小遣い帳をつけずに、

「有意義に使うからまかせて！（そしてもっとお小遣い頂戴）」

と言っているようなもので、お小遣いを渡す国民としては信じようがありません。

無駄なモノに無分別に投入される税金

無駄な、あるいは無理な公共事業については様々な指摘や研究があります。その象徴はやはり「原子力ムラ」でしょう。

高速増殖炉「もんじゅ」は核燃料サイクルの中心施設としての高速増殖炉の原型炉として（実験炉

↓原型炉↓実証炉↓実用炉と計画が進みます）建設され、九一年に運転を開始しました。が、九五年にはナトリウム漏れの大事故を起こし、しかもその事故で対応遅れや事故隠しが明るみになり、二〇一〇年まで運転を停止しました。その再開直後、今度は炉の中で燃料を運ぶ機械を落として停止、更には一万点以上に及ぶ点検漏れが発覚し、さしもの原子力規制庁でさえもが「運転準備も禁じる」つまり、

「お前らもう手も触れるな！」

という厳しい措置を取らざるを得なくなりました。動いていない間もナトリウムを保温するための電力を消費するそうで、それやこれやで今までに一兆円を超える国家予算がつぎ込まれ、しかし実用の目処は全く立っていません。一度は手を染めた先進各国もあまりの技術的困難と青天井の研究開発費・建設維持費から、次々に撤退しています。

加えて、エネルギーを取り巻く環境は「もんじゅ」が計画された当時と激変しています。その頃はまだ天然ガスが火力の主力に踊りだすとは考えられなかったようなはるか昔であり、シェールガス革命に加えて太陽光・風力など再生可能エネルギー系も恐ろしい勢いでコストダウンが進む現在、こと高速増殖炉については経済的合理性がないと言い切ってもいいでしょう。

こんな環境でもまだ文部科学省はこのプロジェクトを手放そうとしません。

つまり彼らにしてみれば、要は予算が下りてくればなんでもいいわけで、極端に言えば「ずっと実用化されないまま研究予算だけが付く」状態が最もありがたいわけです。

まだダムや道路なら効率は悪くても国民生活に貢献しなくもないかと思いますが、このように完全に無用で、しかも大変に危険でもある施設に無分別に税金が投入され続けています。

この仕組みそのものを問題にすべきです。同じ仕組みで「どこにお金を使うか」を考えていても、結局このようにドブ金になるでしょう。

私の経験からもう一例挙げます。

皆さんの中にも花粉症に苦しまれている方も多いかと思います。花粉症そのものの発症の機序はまだよくわかっていませんが、すさまじい量のスギ花粉が舞い、これが関与していることは確かです。

ではなぜこのようにスギ花粉が飛んでいるのかというと、終戦直後に木材不足に悩んだ政府が杉・ヒノキなどの植林を奨励して、日本中の山に植えさせたせいです。

ところがこれらは人工的に植えたものですから根が浅く、保水力がなく、少し雨が降ればすぐ土砂崩れを起こしたり、鉄砲水を出したりします。加えて育った頃には安い外材が入ってきていて国産木材には価格競争力がなくなってしまい、放置されたままです。

毎年数千億円、借金の額にして一兆数千億というお金が盛大に使われ、人々の生活と健康を害して（山崩れ・土砂災害などで間接的に殺した人間の数から言えば、原発以上かもしれません）その上なんの役にも立っていないのです。

ではどうすればいいのかと言うと、全部伐り倒して、ほおっておけばいいのです。

私は中国の黄土高原というところで緑化回復プロジェクトに参画していますが、そこで得られた結論は「植林してはいけない」ということでした。ほおっておくとどこからか種が飛んできて雑草が生え、その次に灌木が生え、木が生え林になり森になり……ということが、中国北部のほとんど砂漠のような厳しい自然でも、わずか数年の単位で起きました（ただし、ヤギの放牧を禁じたことも大きかったのですが）。雨のよく降る日本列島なら、もっと簡単に自然がその本来の姿を取り戻すことでしょう。ところが、森林を破壊しているとしか思えない林野行政に、莫大な予算がつけられ続けています。

また、私の知り合いに河川の研究者がいますが、河川関係の産官学の癒着もエゲツナイそうです。国交省から役人が天下っている財団から出る研究資金の競争率は二倍ほど。隔年で当たる計算になります。複数年の研究費もありますから、多少とも実績のある人なら、毎年もらえる計算です。普通の競争的資金が十倍を超えていることを考えると、夢のようです。こうして河川関係の研究者を手なずけるために、お金が使われていて、そこに天下りポストができるという往復ビンタです。かくして不要不急のダム工事や護岸工事が、「学識経験者」によって正当化されます。

石井紘基さんも徳島県木頭村に延々と連なる多数の砂防ダムを見て「ここは川の墓場だ」と嘆息されたそうですが、それを止めようとする学者がいなくなるように税金が「研究費」として使われている、と言えましょう。

ではこういう事態を打開するにはどう考えればいいのでしょう。個別の事例を見て「これはいかん」と言っていても埒《らち》が明きません。

第一、地元住民でもなければ個別案件を積極的に注視・監視し続けることは困難です。また官僚をワルモノに仕立てあげて責めるのも本来はお門違いでしょう。降ってきた予算を消化する、なるべく多くの予算を分捕る、それは役人の本能なのですから。

そのためにちょっと回り道になりますが、「資本主義」を大本から考え直してみたいと思います。

コミュニケーションの結節点に利益が生まれる

現在一般に研究されている「経済学」は、様々な問題点を抱えていると思いますが、最も大きな問題の一つに、

「利益」

を考えない、という点があります。驚くべきことですが、標準的な経済理論では均衡において、「利益」はゼロになることになっています。

しかしみなさんは現実の生活で、商売をされている方なら当然、そうでない方でもごくごく常識的に、

「経済活動に最も必要なものは『利益』だ」

というのは理解されていると思います。

ではその「利益」はどこから出るのか。

マルクスという天才はこれが「搾取」によって生み出されるのだ、と考えました。労働者の労働の成果を、資本家が上前をはねることによって得られる、と。

しかし街の零細企業のオヤジさんを見ていると、とても「搾取」で肥え太っているようには見えません。労働者と肩を組み同じ目線で日々を闘っています。

これに鑑みて、私は「利益」というものは、「関所の通行料」のような形でしか取れないのではないか、と考えました。

その一番古い形が海賊・山賊です。

彼らは海峡や山道の峠に陣取って、

「通行料をよこせ、さもなくば殺す」

で元手を掛けずに「利益」を得るわけです。つまり、狭くなっているところを占拠すると、利益が出る、という根本原理を彼らは体現しているのです。この原理は現代でも同じです。コミュニケーションの結節点を握ると、そこで利益が生まれるのです。

だから数多くの下請けからパーツを集めて組み立て、多数の顧客に売りさばく組み立て工場をおさえている自動車メーカーだけに利益が集中し、個々の下請け工場にも、あるいは車を売る自動車ディーラーにも、あまり利益は落ちないのです。

二〇世紀というのは、溶鉱炉とか、大工場とか、鉄道とかいった「巨大な装置」が圧倒的な存在感を発揮した時代でした。数千人の人間と、何万点何十万点の部品や機械が集まって、なにかを作る。この関所に利益が集中したのです。

国家資本主義の肥大化

この行き着く先が、「国家」です。

この関所同士が、たとえば自動車メーカーは銀行というまた別の巨大な関所にお金の融通を依存し、メディアという巨大な関所で広告を打ってもらって人々の欲望を刺激してもらい、有名大学という関所に人材供給や研究開発を任せ……という具合に相互依存しています。

その相互依存が膨れ上がると、最終的には規制や許認可を握る「国家」が最後の関所になります。

巨大メーカーにとって怖いものは最早ライバルやお客ではなく、規制や為替レートだからです。当然、ついにはそれ、またその構成員であるところの官僚（と政治家）を巻き込んで、「国家資本主義」とでも呼ぶべき関所モンスターができあがります。

すべてのお金や人間、情報、つまり権力が集中する関所の完成です。ちなみに二〇世紀に猛威を振るった社会主義国家というのは、そのような関所モンスターの制度化されたものであった、と私は考えています。

こうなると、すべてのお金はまず一旦最大関所である国家に吸い上げられ、そこからその関守たちの都合のいいように分配されることになります。

これでは「機動的な財政政策」などできるはずがありません。

「関守たちに都合のいい」≠「国民みんなが幸せ」

ですから。

しかしこういうシステムができあがってしまった以上、「ここにぶら下がるしか生きる道がない」とみんなが思い込んでしまうわけです。

山賊に支配された村を想像してください。誰も山賊を追い払おうとはせず、むしろ山賊に日用品を売って生計を立てたり、果ては武器を売るような商人も現れるかもしれません。しかしそれも、絶対的な権力を山賊が握っている以上、安く買い叩かれても堪えるしかありません。多くの若者は山賊のパシリになり、ゆくゆくは頭目になりたい、と思うでしょう。

この国家資本主義肥大化の流れが加速しているのが、日本の現状だと考えます。

付け加えて言うなら、しかし実はこの「関所」に所属することは「本当は」旨い汁でも甘い汁でもなんでもなく、大変辛いことなのです。

なぜなら、毎日が「通行料を取る」という、何のおもしろみもない仕事だからです。

己の銀行員時代を思い返すと吐きそうになりますが、関所の関守たちは、

「ただ通行料をピンハネしている」

という事実を隠蔽するために、わけのわからない書類を作ったりプレゼンをしたりして、必死で、

「仕事をしているフリ」


をします。

しかも哀しいことに、効率よく上前をハネることができればできるほど、つまり強力な関所にいればいるほど、圧倒的な稼ぎを自分自身で納得できるように、死ぬほど働いて自分をごまかすしかない

のです。

銀行やマスコミの高給はよく知られるところですが、なぜそんなに給料がいいかといえば、彼らがスペシャリティやオリジナリティに富んだ仕事をしているから、他に代えられないから、ではなく、ただ巨大で強力な関所に在籍しているから、です。そして彼らはムダな仕事に忙殺され、灰色の人生を送っているのです。

感覚を麻痺させなければ出世はできない

私は銀行員時代、役員の出席する運動会に出席して我が目を疑ったことがあります。私は大学時代に誂《あつら》えた紺のゴルフブレザーにグレーのスラックス、という定番の出で立ちで赴《おもむ》き、内心、「大銀行の役員クラスともなればどんなお洒落な、あるいは金の掛かった服装で来るのだろう」とワクワクしていました。

ところがそこに居並ぶ役員さんたちの衣装をよーく見ると、なんと「上下色違いのスーツ」だったのです。詳しく言うと、紺色のスーツの上着に、灰色のスーツのズボン（あるいはその逆）という出で立ちだったのです。

思わず悲鳴を上げかけて先輩に取り押さえられました。

何千万円も給料をもらっているというのに、遊び心とか、お洒落を楽しむ余裕とか、そういうものが全く欠落してしまっているのです。心が蝕まれているとしか思えません。

ですから本来は、身体を壊したり気が狂ったりしないように、関所の中にいる人たちが必死になって自分たちの「関所性」を排除するように行動しなければならないと思うのですが、残念ながら事態は逆のほうへ進んでいます。

会社などでも以前なら社長にそういう意識があればまだなんとかなったのかもしれませんが、最近はそんな悠長なことを言っていると株主などから、

「関所性が足りんではないか！」

と叱られるでしょう。

原発災害を引き起こした東京電力は言うに及びませんが、数々の安全義務違反を放置していたＪＲ北海道、ヤクザにお金を貸していたみずほ銀行、謎のスキャンダルにまみれたオリンパス、犯罪と言い切ってもいい不祥事が起きても社長・経営陣が悪びれもしないのは、

「だって僕らのせいじゃないも〜ん」

という気分なのでしょう。

僕らは関守で通行料とってるだけで、通行人が何してるかなんか知らないよ。しかも社会の上層

部、エスタブリッシュメントに近い人になればなるほど、無意識でこのように考え、また行動してしまう。これが関所システム、国家資本主義の極めて恐ろしい点で、その頂点は、いわずもがな、首相です。

安倍晋三という方はほんの数年前に、取り立てて深刻な理由もなくポイと政権を投げ出し、それに億面もなく返り咲いて言いたい放題やりたい放題ですが、それはこういう理由です。

首相の座とは、日本においては、最大の「通行料取り」と「子分たちへの分配」を行う地位であり(でしかなく)、ここに就くには日本で最も、すなわち日本一、自らの感覚を麻痺させることができる人物です。でなければ到底務まりません。

太平洋戦争中よく言われたことに、

「日本軍は下の方が優秀で上に行くほどバカになる」

というのがありますが、その理由・秘密がこれで解けると思います。

つまり軍という巨大官僚組織・巨大関所で上に上り詰めていくためには、自らの感覚と思考を停止し、機械的関守性能を上げる、それしかないのです。

そういう人を関所の外から見れば、バカあるいは無能にしか見えません。しかし関所の中から見れば、

「（こんなくだらない関守という）役を立派に（面倒な改革など唱えず・文句も言わずに）果たしている人」

という高評価になるのです。

おそろしいでしょう。

しかもこれはあの悲惨な、原爆を二つ落とされ東京や大阪が焼け野原になり沖縄が蹂躙され何十万もの兵士がシベリアから還ってこなかった太平洋戦争を超えて、現在も絶好調継続中なのです。

おそろしいでしょう。

日本経済活性化の処方箋とは

かなり話が大きくなりました。

しかし、日本において「財政政策」という言葉を考える時には、ここまでさかのぼって考える必要がある、と私は考えます。

適切な財政投資によってインフラを整備したり、あるいは景気の底上げを狙う、それはまっとうなことです。しかしその「適切な」という部分が、日本の現状では全く望めないのです。そうである以上、それは効果が見込めないばかりか、逆効果の恐れすらあるのです。

これに対する処方箋としては、まずは巨大関所、具体的には特殊法人その他の解体になるでしょう。

先の石井紘基さんの研究によれば、二〇〇万人がこの関所システムにぶら下がっている、と言います。これを潰します。

このうち一〇〇万人は天下りなどの散々稼いだ人たちなので裕福ですから普通にクビにして、末端にいた一〇〇万人はしばらく抱えて、民間活力が伸びてきたらそちらへ再就職してもらう。もともと実務を担当されてた方々ですから能力はちゃんとあるはずで、双方ありがたいはずです。こうすると六〇〇万人の雇用が生まれる、と説いておられました。

現在は当時より状況は酷いですから、もっと雇用創出効果・無駄削減効果は大きいかもしれません。この他に私が有効だと考えたのは前述のような、都市銀行決済専業化です。おそらく全部合わせても一〇万人ぐらいですから、それこそ五年ほど給料そのままで遊んでてもいいから、とコストを掛けて潰しても、そのために小規模・地場・ベンチャー金融が活性化するメリットのほうが上回ると思います。

このように、地方やより小さい自治単位への権限と財源の委譲によって、関所のサイズをできるだけ小さくすることが大切だと考えます。

さらに言えば、これは京都出身の平智之・元衆議院議員もおっしゃっていることなのですが、地域によっては、たとえば京都のようなところでは、相続税を廃止してもいいと思います。

またも銀行員時代の話で恐縮ですが、バブル期には「相続税対策」というのは営業の一番の殺し文句でした。たとえば古い町家を持つお年寄りを「このままでは莫大な税金を取られまっせ」と脅して歴史的な町家を潰させ、まるでどうでもいいマンションを建てさせたのです。

あのせいで「アメリカも破壊できなかった京都の町並みを、相続税が潰した」と言われるほど、京都の姿は変わってしまいました。

このように弊害も生む関所システムですが、人間がコミュニケーションを行う動物である以上、人間が集まれば必然的に結節点が生じます。すなわち社会には関所が必ず発生するのです。

歴史的に見て、この関所の良い例が地方の豪族・有力者です。関所は悪い面ばかりではありません。中世・近世にはこの人たちが「有徳人《うとくにん》」とか「旦那《だんな》」として地域のために関守で稼いだお金をバラ撒いてもいました。江戸時代の治水の伝承などを紐解きますと、地方の豪商や豪農が「私財を投げ打って」というケースが日本中で見られます。

それは彼らの倫理性・公共性が高かったのみならず、そのお金は自分たちが自分たちの能力で稼いだだけではない、関所として預かったお金だ、という意識があったから、でしょう。

今でもアメリカではベンチャーのIPO（新規公開株）などで一旗揚げた人がドーンと寄付する、財団を作る、などということがあたりまえに行われています（ビル・ゲイツ氏が有名ですね）。

いささか理想論かもしれませんが、こういう認識が広まり、人々が関守の顔を指して、

「あいつは俺たちの通行料で稼いでるんだ」

と指摘しました注視できるように、社会の仕組みを再構築できれば、だいぶこの関所システムの悪弊からも逃れられると思います。

独占禁止法という法律は、企業の活動や目的を縛る、考えてみればおかしな法律ですが、なぜこのようなものがあるかといえば、独占を成立させ「関所」化した企業のおそろしさを、人類はつくづく経験しているからでしょう。

それでも最近の大企業は多国籍化、いや「超国籍化」とでもいうべきものが進み、タックス・ヘイブンなどを複雑に駆使して労働者や国家ではなく投資家にのみ稼ぎの分配を進めるようになっています。

日本企業（と思われている）、たとえばトヨタやソニーが潤っても、我々には何の関係ない、そんな時代がすぐそこまで来ています。ですから、そういう部門を優遇するような政策を続けていては、自分の首を締めることになります。

繰り返しになりますが、日本の「財政問題」とは、どこに使うかとかどれだけ使うかではなく、この超絶不効率な関所システムをどのように構築し直すか、ここにあります。

成長とは何かをとらえなおす

さあ三本目の矢はいよいよ、

三　民間投資を喚起する成長戦略

ということになっています。さっそく「薬のネット販売部分解禁」など極めて大胆不敵な積極的施策を打って、国際社会の期待を順調に裏切っています。

二〇世紀型・日本型製造業が行き詰まりを見せ、「それに代わる成長分野を切り開かねばならない！」というのはバブル崩壊後もう二〇年言われ続けていることです。しかしうまくいきません。今回も掛け声は勇ましいですが中身はスカスカ、どころか、

「全員参加の成長戦略」
「世界に勝てる若者」
「女性が輝く日本」

とまるで具体性がありません。

こんなに長年、誰もが認める形でモノになっていないのは、「成長」という言葉のとらえ方、考え方がそもそも間違っているんだ、と考える他ありません。

金融、財政と同じように「そもそも」の話から始めましょう。

またも経済学の問題点になってしまいますが、最近の経済学の最大の問題は「価値」というものを

考えなくなったことです。

近代経済学の基礎を築いた一冊に、ヒックスの『価値と資本』（*Value and Capital* 1939）という名著があります。このように、四〇年代五〇年代には経済学は人間生活の「価値」のあり方を考えることを主眼の一つとしていたわけですが、いつの間にか「価値」が落ちて「価格」ばかりを一生懸命考える学問になってしまいました。

「価格」と「価値」とは全く別ものです。もちろん、なんの関係もありません。価格がなくて価値の高いもの、その最大の例は「愛情」でしょう。「幸せ」でも「友情」でも「誇り」でも「生きがい」でも「やる気」でもいいです。

逆の、価値がゼロで価格が高いもの、これまたものすごくたくさんあります。たとえば、イタリアのフェラーリという二〇〇〇万円も三〇〇〇万円もする高級車がありますが、お好きでない方にとっては、人は乗れない、荷物は載らない、燃費は悪い、維持費は高い、一〇〇万円の軽自動車よりも「価値」がありません。

このように「価格」と「価値」とが大きく乖離している現在において「価格」のことばかり考えるのが、そもそもの間違いなのです。

では「価値」の源泉とはなにか。

これは「生きる力」に他なりません。先ほど挙げたような「善きもの」がなければ人は生きていけないのです。そういう「生きる力」を発揮させてくれるようなことを「価値」と呼びます。

ご飯を食べてエネルギーを補給することにも価値があります。いま私はパソコンに向かってこれを書いていますが、私の「表現したい」という気持ちを実現してくれるこのパソコン、これは私の「生きる力」を発揮させてくれているわけで、これもまた価値です。

この「価値」を多く、かつ持続的に生み出していくことをこそ、「成長」と呼ぶべきです。

私たちはいま、労働の目安を価格に置いてしまっています。高賃金の労働が「いい労働」、低賃金の労働が「たいしたことのない労働」。しかし財政の節でも例示したように、これは全くの間違いです。

では、何が「いい労働」なのか。

その目安はその労働に携わる人の、「疲れ方」にある、と私は思います。

価値を生み出す労働をされている方は、あまり疲れません。疲れても心地よい疲れなので、適切な休息を取ればすぐ回復します。

ところがそうでない、関守のような価値を生み出さない仕事をすると、人間は非常にくたびれ果て、アルコールその他で感覚を麻痺させたり、心を病んだりします。

まずこの、「労働の価値が対価で決まっている」という幻想を捨てる必要があります。もう少し簡単に言えば、

「楽しくない仕事をして成長なんかできるはずがない」

のです。

我々は近代において、特に日本では、前述のように「巨大システムを集団で一糸乱れず動かす」という「訓練」を「教育」の名の下に受けてきました。

つまり兵士、工員、小役人を量産する教育です。

並べるとわかるように彼らに「労働」を選ぶ余地はなく、「与えられた仕事を黙ってこなす」。できれば高効率で高速に大量に。それが

「仕事ができる」


ということだ、と教えられています。

言うまでもありませんがそんな人材が「仕事ができる」などと言われた時代は、とうの昔に終わりました。

ところが今でも小学校では行軍訓練、耐久訓練、号令による行動などを紅白戦方式で父兄監視のもと行うイベントがあります。そうです、運動会です。あれはどう見ても軍事訓練イベントであり、現代社会では何の役にも立たないのですが、そうやって育った我々はあれが異常だと思わないのです。

本当に「いい労働」というのはいくらやっても疲れないほどとても幸せなものであって、逆に言えばそういう幸せを感じられないような労働からは一刻も早く離脱し、新しい道を探る。そういう生き

方をせねば、自分も不幸になりますし、その歪みから周りも不幸にします。

これはわがままとか贅沢ではなく、これこそが「生きる」ということなのです。

特に我々の日本を始めとする先進国では、先人の努力によって物理的・制度的なインフラがかなり整っているので、現金収入がそんなになくても生きていけるニッチ（棲息域）がそこかしこに広がっています。

政府にもしこの面で手を差し伸べる余地があるとするなら、こういう人たちが働きやすいようにサポートする金銭や制度のシステムを構築していくことだと思います。

そうすれば「生きる力」を生み出す彼らの影響によって、普通に生きている人々の「生きる力」も増すでしょう。

これが「成長」です。

また、こと「価値」を語る時には、経済指標の取り扱いにも注意が必要です。

株価やGDPといった数字は、いわば経済のスピードメーターです。お金をブチ込めば、スピードは上がるのでメーターの数字は上がります、しかし、「どちら向き」に進んでいるのかは教えてはくれません。「速い速い」と喜んでいたら、崖に向かって一直線なのかもしれないのです。

こうした「価値」「労働」そして「成長」の考え方の根本的な変更は、「そうしたほうがいい」面ももちろんあるのですが、「そうせざるを得ない」面もあります。

それは中国やインドなど、新興国の勃興、特にこの二国の圧倒的な「今までの指標における」潜在能力です。

先に「日本社会の変化」のところで、中国については語りましたが、繰り返しますと、

- 膨大な労働力
- 歴史に裏打ちされた高い教育水準
- 地下資源
- 効率のいい強権的政治システム

旧来の我々日本人が考えていた「価値を生むもの」の面で、我々の何倍何十倍という質・量を誇ります。こんなものとまともに真正面からぶつかり合って勝てるはずがありません。

インドもそうです。

彼らの理数系の能力の高さはもうご存知かと思いますが、これは一朝一夕にできたものでも、また「ゼロの発祥の地」というような伝統だけに立脚したものでもありません。

ノーバート・ウィーナーという、サイバネティックスの提唱者にして現在の「サイバー社会」の始祖の一人と言ってもいい偉大な数学者がいます。彼は一九五〇年代、インドで講演をしまくってインド政府にも、

「これからは数理科学の教育に力を入れなさい、情報系・数学系の理論を旧来の工学と組み合わせるのです。優秀な学生はＭＩＴに送り込みなさい、鍛えあげて返すから」

というような助言を与え、インド各地にＭＩＴを真似た「○○工科大学」がたくさん作られました。それが今になって花開いているのです。ここ一〇年ほどのインド系ＩＴ技術者の流入によって、シリコンバレーの平均賃金は半分になったと言われるほどです。

両国に共通しているのは、長く華やかな歴史を持つものの、いやそれゆえにこそ、一九世紀・二〇世紀のいわゆる「近代」にフィットせず、その巨大な潜在能力がマグマのように溜まっていた姿、そしてそれが「近代」が終わり「現代」が始まるとともに一気に噴出しようとしている姿です。

この流れは止められません。

この大きな流れの中で生き延びるためには、私たちのほうが考え方、そして生き方を変えるしかないのです。

本当の安全保障とは何か

といっても、なにも悲観的になる必要も、悲壮な覚悟をする必要もありません。

彼らにも「苦手なこと」や「持たざるもの」があり、我々にはたとえ近代的なものでなくても「得意なこと」や「持っているもの」があるのです。

中国に対してはたとえば、日本の豊かな自然、そして歴史遺産です。

東アジアを歩けばわかりますが、アジアの中で日本ほど緑と清水に溢れた国土はありません。PM2・5騒ぎをニュースでご覧になった方も多いかと思いますが、いま北京の空はほぼ一年中スモッグで霞がかかって、太陽が見えません。我々日本人なら北京空港に降り立った瞬間、息苦しさを感じ肺を押さえたくなるほどです。

猛烈な経済活動で疲れた彼らに、日本の、特に田舎に遊びに来てもらう。近畿圏なら関空から淡路島に来てもらって、美味しい海産物に舌鼓を打ってもらいましょう。

それから京都・奈良に観光に繰り出します。

中国は長い長い歴史を持っていますが、全土を覆う戦乱が何度も繰り返され、挙句の果てに文化大革命によって徹底的に破壊され、「歴史的遺構」はほとんど残っていないのです。万里の長城ですら、じつはかなりのものが実物大のレプリカです。そのうえ北京にしても天安門事件以降、その痕跡を払拭するかのように再開発という名の徹底的な破壊が行われ、もう往時の雰囲気は偲ぶことができません。

ところが京都・奈良のような日本の古都は、街をふらりと歩けば、かつてほどではないにせよ五〇〇〇年前八〇〇〇年前の建物が並んでいます。そういったものを楽しんでもらう。比叡山の灯明が一〇〇〇年灯され続けている、という事実に一番感動してくれるのは、中国人ではないでしょうか。

そんな生ぬるいことを、とお思いでしょうか。

ぜひ一度北京を訪れて、あの灰色の空気を胸いっぱいに吸ってください。

「これはここの人呼んだら金になる！」

と理解できると思います。金にうるさい河内のおっさん（私のことですが）が言うんだから間違いはありません。

むしろ日本中で中国人観光客、特に富裕層の奪い合いをすべきです。金の持ちようが、日本の富裕層などとは桁が違います。

対インドであるならば、たとえば流通システムです。

海外で暮らした経験がある方には頷いていただけると思いますが、日本の流通システムは間違いなく世界一です。私はイギリス在留中、街の魚屋さんへ行くたびに戦慄しました。ほとんど腐りかけの、日本では野良猫も跨いで通るようなものが平気で売られているのです。ロンドンの郊外でです。

インドの方はタマネギが大好きで、インド料理には欠かせないそうです。しかし、これを暑く、劣悪な交通インフラの全土にくまなく流通させるのは困難。なので、タマネギが不作の年には人心が不安定になって政変が起きる、と言われるほどです。

ここで日本の出番です。

タマネギ流通システムを構築しそれを運用するノウハウを提供することで、代わりにＩＴ作業を請け負ってもらえばいいではないですか。

こうして相手の生活にガッチリ食い込むことは、実は国防、安全保障にもなるのです。

「日本を攻めたら休むところがなくなる！」

「日本と戦争をしたらタマネギが食べられない」

と思えば誰も攻めてこない。

これが私の師匠、森嶋通夫《もりしまみちお》先生のおっしゃった「ソフトウェア」による防衛構想です。先生は会田雄次さん、福田恆存《ふくだつねあり》さんといった保守派の論客との論争で、徴兵制を敷くべきだ、いや核武装だ、と盛り上がるお二人に対し、

「君らアホか。本当に再軍備したらアメリカと中国が手を組んで潰すに決まってるやろ」

と言い放ちました。私も同意見です。それがサンフランシスコ講和条約であり、日本がついこのあいだ米・中・ソ・英すべてを敵に回して戦争をした結果であり、それが突然今になって、

「中国と戦争したらアメリカが助けてくれる」

などと考えるのは何の根拠もない妄想です。

「国を守る」というのはまず「攻める気をなくさせる」ことこそが勝負であって、「攻められたらどうするか」を考えなければいけない時点でもうほとんど負けています。

多様性の確保こそが成長をもたらす

話が少し逸れました。

要するに、我々は我々の「強み」をまだハッキリ知らないのです。

これは人間の普遍的な原理で、よくできることはあたりまえのことになるので、そこに価値があるとは考えなくなるのです。

私は馬力学会という「馬のちからを借りていろんなことしてみよう」という学会の発起人ですが、その「学会」で新潟県の粟島という小さな島に二度行ってきました。

その島でホース・トレッキングをして小山の上から眺めますと、日本海を隔てた本州側に鳥海山・月山・朝日岳・飯豊連峰……が並ぶ壮大な景色を楽しむことができます。あまりのすばらしさに、

日本列島を見る島

というキャッチフレーズを思いついたくらいです。このように、日本でもここしかないと思えるぐら

い素晴らしい風景なのですが、地元の人はいつも見てる景色ですから「そうなの？」と笑うばかりです。

これからの「イノベーション」つまり生きる力を増幅する行為というのは、こうした「新しい見方の提示」や「新しい組み合わせ」にあるのです。

新技術ではなく、技術の組み合わせ方。イノベーションという言葉は元来、「新結合」と訳されていたのです。

アップル社といえばｉＰｏｄ、ｉＰｈｏｎｅ、ｉＰａｄと次々に「市場を創り出す」イノベーティブな製品を世に出してすさまじい利益を叩き出し続けていますが、すこし技術に詳しい方ならご存知のとおり、どの商品も決して「独自の技術」ではありません。「アップル社にしか作れないもの」などではなく、現に彼らは実際の製造を中国や台湾の組み立て専業メーカーに任せています。中の部品も、もちろん高性能品ですが、部品メーカーが普通に供給しているものばかりです。

そう、問題は「組み合わせ」なのです。様々な要素技術を、ユーザーの生活や使い方を想像してその「物語」を描くことで、うまく組み合わせる。これによって、多くの人が熱狂する素晴らしい製品、いや商品ができあがるのです。

そしてこの「組み合わせ」にとって大切なこと、それが「多様性」です。

多様な力が集まるからこそ、そこで組み合わせのパターンが爆発的に広がって、無限の可能性が拡がるのです。

この「多様性」を確保し、推奨するような、社会システムを作る……これがこれからの日本に最も必要な「成長戦略」でしょう。

ブランドを築き上げて生き残る

実は、すでにその萌芽はあるのです。

評判の悪い「ゆとり教育」ですが、詰め込みを止めて多少学力が落ちた見返りとして、今の子どもたちはとても芸術的なのです。

私が子どもの頃、小学生の絵画など見られたものではなく、父母が子ども可愛さに目を細めるだけのものでしたが、今やそうした展覧会などへ行きますと、大人の私が「おっ」と普通に思うような作品が三つや四つはあります。

音楽の時間に耳を傾ければ、歌がまた巧い。ダンスが授業に取り入れられましたから、踊らせれば実に見事なものです。

リトルリーグでも日本代表チームは世界大会の優勝候補の常連です。サッカーではスペインの超名門が日本の小学校低学年の子を青田刈りに来るようになりました。

この素晴らしき子どもの力。多様な彼らの生きる力。

これこそが次代の日本を「成長」させていく原動力です。

これをできるだけ失わせないように、教育という名のくだらない箍《たが》で締め付けてしまわないようにする。それが我々、既に箍でガチガチに固まってしまっている大人たちの、せめてものできることです。

こうした芸術の力を欧州各国はよく理解していて、たとえばオランダなどでは「ダンサー」ということが証明できればお金がもらえるそうです。そうやって世界中から芸術家を有名人から自称芸術家まで、ピンからキリまで集めることでここでまた多様性の化学反応が起きて、新しいもの、すなわちイノベーションが起きるのです。

この芸術の力と教育をうまく融合させることができたのが、おそらく北欧各国でしょう。家具のＩＫＥＡ（スウェーデン）、衣服のＨ＆Ｍ（スウェーデン）、雑貨のＴＩＧＥＲ（デンマーク）、インターネット電話のＳｋｙｐｅ（スウェーデン人とデンマーク人が開発）、今はちょっと調子が悪いですが携帯電話で一世を風靡したＮＯＫＩＡ（フィンランド）など、センスの良さと使い勝手の良さ、そして手頃な価格が融合した製品・商品は世界中で人気です。

もちろん北欧式にも問題点はいろいろあるのだろうと思いますが、結果としてそういう商品群を生み出せているのも事実です。

もはや実際に「作る」のは中国をはじめとする新興国にまかせ、先進各国はどういう「ブランド」を築き上げるか、そこに注力せねば生き残れない時代なのです。

先ほど例に挙げましたイタリアのフェラーリは、利益の六割をロイヤリティ収入で上げているそうです。黄色と黒の「跳ね馬」のエンブレム、あれをたとえばノートパソコンの天板に貼り付けて「フェラーリ仕様のＰＣ」を台湾メーカーが作るたびに、彼らにチャリンチャリンとお金が入るのです。極端な言い方をすれば、フェラーリの車は、フェラーリというブランドを維持するための道具に過ぎないのです。

好むと好まざるとにかかわらず、私たちが今生きているのはそういう世界です。

いや、もちろん手を動かして実際に「モノを作る」ことも大変有効です。ただしそれが、そこでしか得られないユニークなものであれば。

『獺祭《だっさい》』を始めとする高級日本酒がニューヨークを中心に世界中でブランドとして高値で取引されているように、日本にはまだまだ先述のような本人たちが「価値だと気づいてない」ブランドが多々あると思います。

「COOL JAPAN」と呼ばれ世界（特にアジア圏）で人気の日本のオタク文化（アニメ・マンガ・ゲームなど）ですが、専門店へ行くとズラリ並んでいる精巧なフィギュア（人形）、これらはほとんどが「原型師」と呼ばれる日本人の職人が原型を作り、それが中国の工場で大量に型どられ、手先の器用な中国人の女性工員さんたちが、列をなして筆を振るって一つひとつ色を塗ります。

これが一つ数千円で売れる。

この価値の源泉である原型師たちは、ほとんどが独学と実践で腕を鍛えた人たちです。

こういう素地があるのですから、まして伝統工芸品や食品でも、いくらでも埋もれている価値があるはずです。今一〇〇ほどの伝統産業を守るために投じられているお金は、一〇億円に満たないそうです。これではどうにもなりません。人材を育て、振興し、サポートし、そして世界で受け入れられやすい形に適切にプロモートしていく。これこそが本当の「COOL JAPAN」ではないでしょうか。

また、この「自分たちの価値を発見する」という点でも、子どもや外国人、あるいは障害のある人など、「違う目」が有効です。彼らこそが見えてないもの、見失ったものを見出してくれる。だからこそ、社会はそういう人々を排斥せずに、多様性を確保しておく必要があるのです。

『史記』に「士は己を知る者の為に死す」という言葉があります。

「士たる者、己の真価を認めてくれる人のためには死んでもいい」

という意味ですが、そのぐらい「価値を見出す」というのはごく簡単なようでとてもむずかしい、直感と無垢な心を必要とすることなのです。我々が必要としているのは、まさにその見出す目です。

五〇年前にはもう戻れない

まとめますと、積極的な言い方をすれば、「生きる力」をのびのび伸ばすような、そのためのイノベーションを起こす「多様性」が膨らむような、そういう活動をこそ「成長戦略」と呼ぶべきです。消極的な言い方をすれば、「中国やインドと同じやり方で勝てると思ってるのか。見方を変えろ」です。

どこをどう間違っても、環境を破壊するリニアを敷いたり、時代錯誤のオリンピックを呼んだり、意味もなくバカ高いタワーをおったてたり、国土強靭化と称してバカ高い堤防を地元の意向を無視して建てまくることなどではありません。

それはもう以前やってしまったことの焼き直しで、その時には十分効果があったとしても（イノベーションであったとしても）時代は変わってしまったのです。

東京—大阪間、六時間が三時間になれば日帰り出張ができるので劇的な変化ですが、二時間半が一時間少しになってもさほどのインパクトはありません。一時間なら飛行機が既に実現していますし。また、笹子トンネル事故に見るように、これから高度成長期に作ったインフラが一斉に寿命を迎えるインフラ崩壊の問題もあります。維持・更新もままならないのに大新規事業をやる余裕が、本当にあるのでしょうか？

都合が悪くなると「うまくいってた」（ように見える）過去に戻りたがるのは人間の哀しい性でしょうか。

新幹線にオリンピックに東京タワー、安倍晋三首相や野田佳彦元首相はおそらく、大好きな『Always 三丁目の夕日』のあの頃、一九六四年に戻りたいのでしょう。

五〇年前です。

不可能です。

そもそもその頃は、凶悪犯罪・少年犯罪も今より遥かに多く、交通戦争でバタバタ人が死に、労働時間は遥かに長く今で言うならブラック企業だらけ、世界でもベトナム戦争にキューバ危機に度重なる核実験、ろくな時代ではありません。このころにこそ、美しい日本列島がひどく破壊されたのです。

ご自分だけ五〇年前にタイムスリップして町の空き地や路地で遊んでいただくのはかまいませんが、国民をそんな殺伐とした時代に連れていくのはご勘弁いただきたいものです。

まとめ——私たちが生き残るための成長戦略とは

簡単にまとめておきたいと思います。

この章では、安倍政権の最大の売りにして高い支持率の源泉でもある「アベノミクス」について見てきました。

結論としては、

- まず大前提としてヴィジョンがない。「どういう国を作りたいのか」がさっぱりわからないのでまず評価のしようもない。
- 現在の日本が直面する大きな変化に対応してない。高齢化・中国の台頭・コンピューター社会の三点セットです。
- 金融政策は、銀行（特にメガバンク）が与信能力を失っているので、これを取り戻すことなしにお金をいくら刷ってもうまくいかないだろう。
- 財政政策は、国家が「関所」となって通行料をせしめ、そこにぶら下がるのが最も旨い汁を吸える国家資本主義を解体しなければ、うまくいかないだろう。
- 成長戦略は、そもそもの「成長」つまり「生きる力を伸ばす」ということをサポートするような政策こそが求められている。が、どうもそういうものではないらしい。

ということで、おそらく実効性は大変薄いかと思われます。特にタチが悪いのは、「アベノミクス」ではお金がビュンビュン回るので、スピードメーターがすごい数字を出して「なんだかうまくいっている」ように見えてしまう恐れがある点です。

経済の速度がいくら上がっても、それがいい方向、人々をしあわせにする方向、精神の平安を増幅する方向にあるかどうかは、わかりません。

これは麻薬のようなもので、とりあえず苦しむ重病人に与えて、痛みを和らげているだけです。

そのことは完全に間違いであるとは言えませんが、しかし問題解決には一ミリも踏み出していません。

もっとタチが悪いのは、それをもわかっていてなお「ヤクをくれ」という人々が結構な数いる、ということです。

自分が担当でいる間、自分が社長でいる間、とにかくそれだけ持てばあとはどうなろうと知ったことではない。

「我が亡きあとに、洪水よ来たれ」

そういう勝ち逃げメンタリティの人が、持続可能性や自分たちの子どもを含めた子々孫々になんら責任感を持たぬまま、麻薬を、もっと麻薬を、と叫んでいるのです。

安倍政権と「アベノミクス」は、実はそういう人々の情念が鏡のように具現化されているだけのものなのかもしれません。であるならば、我々自身が「真の経済発展とは何か」を今一度考えなおして、そこに向かって歩を進めれば、「アベノミクス」などに振り回されずに「生きる力の増幅」つまり「しあわせ」を、実現できるかもしれません。

さらに言うならば、「○○問題」として設定する時点でおかしいのです。それを担当する役所に利権が発生しお金が流れるだけです。

「我々がこれから生き延びるにはどうすればいいのか」

という根源的な水準で問題設定をしなければなりません。

生きる力が増える、つまり「問題認識能力が広がっていく」というのが「成長」であり、これが心の平安を生むのです。そのためには、知識（学習）、体力（健康）、友人、心地良い環境、いろんなものが必要です。それらを実現するような、金融・財政そして成長戦略を議論する必要があります。

さて、次の章では、なぜ安倍政権のような矛盾だらけの政権が成立してしまったか、それを日本の特に近代の底に流れる、「文化」の側面から解き明かしていきたい、と思います。

第三章　「立場主義」という「文化」

――「立場の国」復興を目論む安倍立場王《アベタチバオー》

日本の急成長を支えてきた「立場主義」

いよいよこの章では、安倍政権の文化的背景、「立場主義」に迫りたいと思います。

これは実はかなり根の深い問題で、明治維新以降の近代日本をまるごと振り返らないと理解できない難問のようです。

なんとなればあの悲惨な太平洋戦争を経ても、我々の考え方ややり方は、全く変わっていないのです。

インパール作戦やガダルカナル島の戦い、戦争中の「失敗」の例が、福島第一原発事故を筆頭に、不良債権処理でも消えた年金でも、あるいは崩壊するインフラでもＴＰＰ交渉でも、構造的に全く同じように現れています。

私たちはなぜか日本社会を「戦前」「戦後」と分ける癖がありますが、これは間違いなのです。日本社会の根底にある文化は変化しておらず、だからこそ同じ質の間違いを繰り返します。

まずいったんここまでのおさらいをしましょう。描いてきたのは「日本の勝ちパターンの崩壊」です。

政治の面では「田中主義」という、非体制派が稼いだ田舎の票を、都会の体制派がカネ（公共事業）を還流させることで分けてもらい、かつ官僚はその事業に天下りとして食いつく、この七〇～八〇年代を支えた「田中システム」が、環境の変化と借金のしすぎによって全く成立しなくなったこと。そのため体制派が非体制派の切り捨てを進め、そのことによって社会が不安定化していること。切り捨てられた非体制派を、「日本人」という「立場」を強調する国家主義を煽ることでつなぎとめようとしていること。

経済の面では、国家が最大の「関所」となってカネと権力とを一点で握りそれを再分配する、その膨張しすぎた「国家資本主義」があまりにも非効率で、日本社会の経済活動をむしろ停滞させていること。

では文化の面でこの「崩壊した勝ちパターン」に相当していたものは何でしょうか？　日本人の馬鹿力を発揮させ続け、今となっては逆に「箍《たが》」となって我々を苦しめているものの正体は。

日本が明治維新以降、世界経済に適応して急成長し、戦後に高度成長を果たした背景には、日本社会の特性つまり文化がある、と多くの人が指摘しています。

中世・近世にはそれぞれ立派な独自の文化・文明を誇っていた、中国・韓国を始めとする他のアジア諸国が、この「近代」の到来に対してうまく適応できず、一〇〇年単位でもがき苦しんだ、あるいは今も苦しみ続けていることを考えると、日本のこの「適応」は奇異にさえ思えます。何がそうさせたのか、あるいはそうすることを可能としたのか。

私が考えるその特性こそ、「立場主義」です。

その「立場」なるものの本質を探るため、話は遥か昔にさかのぼります。

日本には「家」制度というものがある、またはあった、ということはご存知・ご経験かと思います。しかしこの「家」制度は、平安時代には存在しませんでした。

私たちは、「藤原道長」「源義経」という名前を、間に【の】を入れて、「ふじわら【の】みちなが」「みなもと【の】よしつね」と読んでいます。ところが、時代が下ると、藤原氏という「氏」よりも、個々の「家」のほうが重要になり、かつそれを長男が相続するようになると、【の】が入らなくなります。

たとえば、「足利尊氏」という人は、「あしかがたかうじ」と読みます。この人は「源氏」であって、「足利家」に所属しますので、「みなもと【の】あしかが・たかうじ」なのです。

私がこのことを思い知ったのは、京都大学人文科学研究所の助手をしていた頃でした。そこには当時、飛鳥井雅道《あすかいまさみち》教授（一九三四～二〇〇〇年）という日本近代思想史の大家がおられました。この方は、飛鳥井雅経《まさつね》という一二～一三世紀に活躍した人物の興した家の二八代目の当主でした。飛鳥井雅経が、歌と蹴鞠《けまり》の名手であったため、飛鳥井家は代々、この二つの芸能を重視し、その名手を多数輩出しました。飛鳥井家は、幕末をうまく乗り切って明治期に伯爵家になっています。この頃に飛鳥井家の邸宅跡が白峯神宮という神社となり、今も蹴鞠のメッカです。この神社のホームページによると、ここの神様は、サッカーをはじめとする球技全体の守護神だそうで「闘魂守」というお守りを出しています。

飛鳥井教授は若い頃にいろいろと苦悩し、そのために薬物依存になったり、酒を飲み過ぎたりしたため、体がガタガタになった、という噂でした。五〇歳を過ぎてからはしょっちゅう体調を崩して入院し、医者が止めるのも聞かず入院するたびに本を一冊書く、という激烈な生き方をしておられました。

その時、ある教授から、「飛鳥井さんは、藤原氏や。貴族は大変やからあんなに病んどるんや」と聞いたのです。日本史をまじめに勉強していなかった私は、そのときはじめて飛鳥井教授が「ふじわら【の】あすかい・まさみち」であったことに気づき、「藤原」という「氏」と、「飛鳥井」という「家」との違いを知ったのでした。

南北朝から戦国という戦乱の時代は、「氏」が解体して「家」が成立する過程でもありました。古代の「村」は流動的で、飢饉があったりすると、すぐに解散するようなものだったのですが、戦国時代以降は、村が土地と密接に結びついて、強固な地理的構造を持つようになりました。これもまた家制度の成立と関係があります。

こうして江戸時代には、「家」→「村」→「郡」→「国」という地理的・社会的階層性が明確となり、それを束ねて「幕府」が安定的に成立することになりました。

ここで尾藤正英という偉大な思想史研究者が指摘したことなのですが、実はこの構造は、「役《ヤク》」という概念を中心として制度化されていたのです。

たとえば、将軍家が大名旗本を引き連れて「日光社参」をする、というイベントがあるとします。そのための物資・費用・人員などの「役」がそれぞれの「国」に割り当てられます。これはその下の「郡」に割り当てられ、さらにその下の「村」へと降りてきます。これを村は「家」へと割り当てます。この「役」をそれぞれの家が果たすことで、全体の行事が実行されるのです（もちろんこれはある種の理念型で、現実がこれで完全に統御されていたわけではなく、例外は多々あります）。

ところが、この「役」の概念が明治時代になって様子が変わってきます。特に徴兵制の開始が大きいのですが、「役」は「家」が担うものではなくなり、個々の成人男性一人ひとりに掛けられるようになりました。男性一人で兵士一人という「兵役《ヘイエキ》」が課せられるようになったのです。

しかし、ここで「家」から「個人」への分割が起きたのではないように私は思うのです。というのも、よく観察しますと現代においても、日本社会は「個人」を中心単位として形成されているようには思えません。個人主義というには、あまりにも個人が弱すぎて、「役」に振り回されているように見えます。

では役は何に割り当てられたのでしょうか。

それは「立場《タチバ》」でないかと、私は考えました。

具体的には「家長」や「世帯主」であり、「長男」であり「主婦」であり……という、「立場」に、「役」が割り振られるようになったのです。

このように、近世の「家」という、人間ではないものに割り当てられていた「役」は、近代では「立場」という、これまた人間ではないものに割り当てられました。

当然、かつて「家」の「役」を果たすための素材に過ぎなかった「個人」は、現在では「立場」の「役」を果たすための素材になりました。

こうして日本人は、「家」ではなく「立場」を基に行動する人々となってしまったのです。これを私は「立場主義」を呼んでいます。

この「立場主義」には、三つの原則があります。

一　「役」を果たすためには、なんでもしなくてはならない。

二　「立場」を守るためなら、なにをしても良い。

三　人の「立場」をおびやかしてはならない。

これこそが「日本立場主義人民共和国三カ条憲法」ではないかと思うほど、日本社会に深く根付いたものの考え方・感じ方です。

この三カ条を守っている限り、日本では安全に生きられます。ですがこれを破ると、「『役』立たず」として「『立場』を失い」、「無縁者」となります。そうなると、どんなにひどい目に遭わされても、誰も同情してくれなくなります。そのかわり無縁者には「立場」がありませんから、無責任で、自由です。

この「無縁」という日本の社会に伏流水として流れ続けている概念の重要性を指摘し、史書に書かれぬ人々に光を当てたのは、網野善彦という優れた歴史学者です。

日本経済が行き詰まった理由

私は、この立場主義社会のシステムこそが、明治以降の「近代」においては、日本の経済活動に大いに役立ったのではないか、と考えています。

前章の議論を「立場主義」の視点から、もう一度振り返ってみます。

立場システムは、多くの人が一糸乱れぬ行動をとるべき時に、大いに力を発揮します。細々《こまごま》としたそれぞれの「立場」に「役」が割り振られ、その担当者は「立場」を守るために死に物狂いでその「役」を果たそうとするからです。

ですから、巨大で複雑な機械を、多くの人間からなる集団が、一糸乱れずに操作する必要があった「近代」は、立場システムを持つ日本人と日本社会にジャストフィットしていたのです。

明治維新以降、戦後高度成長期までの一〇〇年間は、まさにそういう時代でした。逆にそういう時代のことを「日本の近代」と呼んだほうがいいのかもしれません。

しかしコンピュータが出現し、機械にコンピュータが接続され「大人数が一斉に動く」必要がなくなって、事情は激変します。「近代」が終わり、「現代」に突入したのです。

こうなると、「そこそこの能力者がそれぞれの『立場』で力を合わせるチームワーク」という、日本人が今も大好きな集団戦ではなく、中国やインドのような「ネットワーク的なゆるい人間関係をベースに、突出した知識人と大量の低賃金労働力を合わせ持つ」社会のほうが、「現代」生産システムに適合していることになります。そちらで製造業が勃興し、世界中から投資が殺到し、あまつさえ日本企業の工場までもが進出する。かくして日本社会は空洞化しはじめました。

三千数百人で戦艦大和を動かしていた近代から、数人とコンピュータで巨大タンカーを動かす現代へ。それは、一人ひとりに「立場」があった社会から、「立場のある」わずかな人々と、顔も名前もない「立場のない」多くの人々がひしめき合う社会への変化とも言えます。

ですから本来は産業構造を変え、今までの花形である製造業や建築業で立場がなくなった人々も楽しく働けるような、創造的な職場や仕事を創り出したり、そうした事業を支援したりすることが必要だったのです。

ところが立場主義者たちは「立場」を中心に物事を考えてしまうために、あぶれた人々を収納する多くの「立場」をでっち上げる、また必要なくなった「立場」をいつまでも維持する、という方向に突き進みました。役所は特殊法人をたくさん作り、大企業は子会社を作り、立場だけあって仕事はありませんから、人々はそこで仕事をするフリをしています。膨大に刷られたお金はこの「仕事のフリ」に浪費され、社会に何も蓄積せず消えてなくなりました。

この立場主義社会では、アイデアややる気があっても「立場」がなければ相手にされません。資金も貸してもらえなければ取引先の信用もない。これでは若い力も活かされませんし、新しい事業も創造されません。こんな不効率極まる社会が持続可能であったり、成長を遂げたりするはずがありません。

日本の近代を引っ張った「立場主義」こそが、日本の現代の重い重い足枷になっているのです。

こうして見てくると、バブル期という時代は、日本における「近代」から「現代」への転換点に当たっているように思えます。

日本経済は立場主義に基づくその圧倒的なパフォーマンスで高性能な電子機器や生産機械を作って作って作りまくって、挙句の果てにコンピュータやそれに必要な半導体や部品をも莫大に生産して、「近代」を自ら終わらせてしまった、と言えるかもしれません。

生産拠点の移動は、世界経済の構造変化に結びつきます。社会が転換点に当たった時、好むと好まざるとにかかわらず、変化しなければ生き延びることはできません。

つまり日本がバブル後にやるべきだったことは、まず近代型の生産システムを解体してアジア諸国に移転させる。日本本国はより柔軟で創造的な組織へと転換するとともに、人々の創造性を刺激し支援して開花させるような社会システムを構築し、それらを世界に向けて発信する。また、普遍的な価値である美しい国土、生態系、そして伝統文化によって世界の人々を魅了する。そういうイノベーション拠点という役割へと変貌する必要があったのです。プラザ合意以降の急激な円高は、世界がそういう役割を日本に要求している、期待している、その表れでした。

ところが、日本はその要請を拒絶しました。その代わりに、恐るべき勢いで資金を膨張させて、円高を食い止め、賃金を切り下げ、近代型生産活動を日本列島で継続させようとしました。

それればかりか、たび重なる乱開発によって傷つけられた生態系に最後の戦いを開始し、巨大な土木事業をさらに行ったのです。

これらは時計の針を逆回しにするような完全な無理筋であると同時に、貴重な財産である国土・生態系・伝統文化を徹底的に破壊する愚行でした。

かくして日本経済は完全に行き詰まったのです。

財政支出によって支えられる「官」経済の受益者たち

悲劇はまだ続きます。この行き詰まりを、さらに驚くべき水準の国債発行に基づく、公共事業をはじめとする財政関係経済を膨張させることで隠蔽しました。

お金だけがビュンビュン回って各種の経済指標も悪くないけれども、誰にも景気がいい実感がない、そういう時期が長く続きます。

さらにこの隠蔽は、超低金利のもとでさえ、よほど財テクに関心のある人以外の普通の人々の、手元資金を日本国内で貯蓄しようとする、非合理的な預金行動によって果てしなく支えられました。私はこういうリスクテイクを極端に恐れる発想も、「立場主義」に基づく行動ではないかと睨んでいます。資金を海外に流出させたりするのは「非国民」のすることだ、と思われるのが怖いのではないでしょうか。日中戦争下の一九三八年に「国民貯蓄奨励運動」が始まり、三九年には内閣貯蓄奨励局が、

「一億一心・百億貯蓄」

というスローガンを出しています。もちろんその目的は、「聖戦完遂」であり、銃後の戦いとして運動が展開されました。こんな運動を中国でやっても、なかなかうまくいかなかったはずですが、立場主義が支配しつつあった日本では、官民一体となってみんな必死に貯金したのです。こういう精神が我々の身体に今も刻み込まれているのだと私は思います。

こうして一〇〇〇兆円などという、とてつもない金額の政府債務が形成されるに至ったのです。

アベノミクス分析で触れた、石井紘基さんの試算では、二〇〇〇年前後で既に、日本経済の半分以上がこういった財政関係の支出によって支えられる「官」経済であり、市場競争に晒される「民」経済は、半分以下に圧迫されている、という状態でした。それを、天下り役人によって支配されている特殊法人とそのファミリー会社群が牛耳っている、と彼は言うのです。

自民党から民主党への政権交代は、本来は、このような危機を打開する必要に迫られて生じました。しかし民主党もまた、「官」経済の当事者たる公務員と、その下請けの大企業社員とを中心とする、大規模労働団体の強い影響下にあります。つまり彼らもまた「官」経済の受益者で、国民の期待に応える構造変革を実現できませんでした。それればかりか彼らは不慣れなため、昔ながらのシステムを上手に運転することもできませんでした。それならば自民党のほうがまだうまく運転するだろう、ということで国民はまた、自民党に政権を与え直しました。

しかし、ここまで見てきたとおり、「昔ながらのシステム」がうまく動かなくなってきたのは構造変化による必然であり、運転手の上手下手とか、システムそのものの精度とか実効性とか、そういう問題ではないのです。
アベノミクスを改めて具体的に見てみますと、

一　円安誘導による輸出促進
二　日銀を使っての金融の極限的な緩和
三　国土強靭化計画などの更なる公共投資

といったことが政策セットになっています。

しかしこれらは先ほど述べた「日本に期待された役割」を積極的に否定するものです。後の祭りかもしれませんが、あの時バブルではなく、

一　円高を利用したアジアへの投資
二　信頼される金融システムの構築による国際金融センター化
三　生態系多様性と文化伝統を利用した国際的魅力のある美しい国土の回復

に着手していれば、二〇年後の今日、日本はアジアの大株主として左ウチワ、黙って座っているだけでお金が降り注いでいたことでしょう。

もちろんそのためには、まず植民地支配とアジア太平洋戦争の後始末を完全につける必要があったでしょう。また、経済のみならず政治的にも文化的にも、日本をアジアに開いていく必要がありました。

要するに、この二つに挑戦する勇気がなかったのです。

我々は弱虫であったため、この課題から逃げ出してしまいました。そして、膨張した資金はまず国内での不動産投機に用いられ、それでも余った分はアジアへの健全な投資ではなく、欧米の不動産や芸術品や企業に向かい、異様な高値で買い漁りました。これらは大半が失敗し、安く買い戻されました。平たく言えば、欧米にお金を献上してしまったわけです。

まるで植民地で小金を握りしめた成金が、本国の由緒あるものを買い漁る姿そのものであり、とても浅ましくまた惨めな行為と結末です。

日本は「過去に植民地を持ったことがある」と都合のいい記憶だけ保持していますが、この情けない姿、植民地根性丸出しの姿を見てもおわかりのように、まさに植民地なのです。植民地とは、外国に占領されている・いないにかかわらず、こうした植民地的心性を持っている人々で成り立つ社会のことを言います。

無理矢理立ち上がらされている一本松と日本経済

話を戻しますと、今見たようにアベノミクスの本質は、八〇年代末に賞味期限がすでに切れている

「立場主義」システムを維持しようとする、きわめて後ろ向きの政策です。

借金がかさんで二進《にっち》も三進《さっち》もいかなくなったからこそ政権交代までしたのに、これがまたうまくいきませんでした。本来「立場主義」システムはこの時点で完全に枯死したのです。

それをまた復活させるというのは、まさに空洞化した日本経済を「強靭化」などと称して防腐処理し、欠落した部分は輪転機で刷ったお札を貼り合わせて繕い、クレーンで無理矢理立たせる、「奇跡の一本松」のようなものです。

ここで私たちは、

「イッポンをトレモロす」


を思い出すのです。

あの不思議な言葉。別に舌が回らないわけでもないのに、わざわざ奇妙な発音を安倍首相がしていたのはなぜか。あれは、

「日本社会をフランケンシュタインの怪物のようにツギハギだらけの人工生命体として無理矢理立ち上がらせるぞ！」

この力強い宣言だったのです。

実際、政権交代後に円安と株高が発生して、「イッポンがトレモロされた！」とマスコミが騒いだのですが、実態は甚《はなは》だ怪しいものです。

もちろん、たくさんお金を刷るぞと宣言すれば、ドルその他に対して円の量が増えると予想されますから、必然的に円は安くなります。しかしそれよりもこの円安は、日本銀行の独立性が脅かされることによる金融システムの先行き不安が引き起こした、「日本の値下がり」のようなものに思えてなりません。

麻生政権の二〇〇九年の二月、ローマでのG7財務大臣・中央銀行総裁会議後に、当時の中川昭一財務大臣が「酩酊記者会見」を開いて問題となりました。その時、日本という国への不安から円安に振れましたが、それと同様の事態のように思えます。

また、日経平均は二〇一二年一一月には九〇〇〇円程度でしたが、四月初旬には一万三〇〇〇円になりました。この間に一・四倍になっています。

しかし一方、円ドル相場は、八〇円弱から一〇〇円弱となり、これは一・二五倍です。つまりドルベースで見ると日経平均は、一一二ドルから一三〇ドルへと、一・一五倍になったに過ぎないのです。同期間にダウ平均は一万三〇〇〇円から一万五〇〇〇円になっていて、やはり一・一五倍値上がりしています。もしアメリカ株に引きずられて日本株が値上がりしたのだとすると、値上がりの大半は為替効果だ、ということになってしまいます。

実際、この株式の急上昇は外国人投資家の巨大な買い越しによって支えられていますが、アメリカ株の上昇と円安によって日本株が割安になったので買った、という要素のあることは間違いないでしょう。国土強靭化計画をはじめとする財政出動によって、当然日本企業は潤うので、その分を加味すると、株価上昇は、ほとんど説明されてしまうかもしれません。

しかもその後約半年、株・為替とも小幅な動きを繰り返すばかりで、右肩上がりの気配は見えません。

こういった捏造された資金は、前述のように、ほとんどが「立場主義」の蔓延する特殊法人や大企業に流れ込みます。それは、「立場主義」を支えるためのお金になるのです。

「立場主義」という枯死したシステムそのものも、日本経済同様、「奇跡の一本松」同様、無理矢理立ち上がらせられているのです。

私は本書の冒頭で

「奇跡の一本松」が「よみがえった」

というのはいくらなんでも言葉の使い方がおかしいだろう、と問題提起しましたが、「奇跡の一本松」をフランケンシュタイン化しておっ立てるのと、「立場主義的日本」をジャブジャブお金を突っ込んで維持するのとは、構造が全く同じです。

そしてマスコミも今や大企業であり、つまり立場主義社会の中核ですから、

「奇跡の一本松」が「よみがえった」

と書くことに、さほど躊躇がないのでしょう。その感覚の麻痺が恐ろしいと思うのです。「立場主義」はこのように日本の経済全体に地下水脈のように流れており、どこを掘っても噴き出すのです。

立場主義と靖国神社の見え透いた嘘

さて、経済と「立場主義」の関係を見てきました。次は別の面からもう少し掘り下げてみましょう。私が「立場主義」考察の取っ掛かりとしていい例だと思うのが、靖国神社という存在です。

安倍首相をはじめ、自民党の政治家は、おしなべて靖国神社が大好きです。安倍氏の場合、前回の首相在任中（二〇〇六年九月〜〇七年九月）は、「参拝したかしないかは言わない」との方針をとっており、参拝前に体調不良で首相を辞任しました。

しかし、二〇一二年九月の党総裁選の記者会見では「首相在任中に参拝できなかったのは痛恨の極み」と述べ、首相に就任した場合には参拝する考えを示唆します。

総裁に就任後、首相になる少し前の二〇一二年一〇月一七日、秋季例大祭の最中、党の公用車で乗

りつけ、モーニング姿で颯爽と参拝、「自民党総裁　安倍晋三」と記帳しました。記者団に対して、「国民のために命をささげた方々に自民党総裁として尊崇《そんすう》の念を表するため参拝した」と発言しています。

そして晴れて二度目の首相就任から丸一年の二〇一三年一二月、第一章で書いたように、中国・韓国どころかアメリカ・EU・ロシアの懸念を振り切る形で強引に参拝する挙に出たのです。なぜここまで「靖国神社」にこだわりぬくのでしょう?

その靖国神社は自らの目的をそのホームページで次のように規定しています。

このように多くの方々の神霊が、身分・勲功・男女の区別なく、祖国に殉じられた尊い神霊(靖国の大神)として一律平等に祀られているのは、靖国神社の目的が唯一、「国家のために一命を捧げられた方々を慰霊顕彰すること」にあるからです。つまり、靖国神社に祀られている二四六万六千余柱の神霊は、「祖国を守るという公務に起因して亡くなられた方々の神霊」であるという一点において共通しているのです。

しかしこれは表向きのことです。実際には靖国神社は、徴兵制と密接に関係する国家的機関として設立されました。

靖国神社の前身である招魂社は、国民皆兵の近代的な軍隊を建設しようと奔走した大村益次郎の献策により、一八六九年に作られました。大村は同年に、旧来の士族の武装特権を守ろうとする人々の反感を買って暗殺されましたが、明治政府の陸軍省は一八七三年に徴兵令を発布しています。なぜ近代軍を創建しようとした大村益次郎が、招魂社を作ったのでしょうか。それについては明確な証拠はないでしょうが、欧米諸国の無名戦士の墓などが参考にされていたことは間違いないでしょう。そういった施設は、国民軍を創設するときに必要とされたものです。その意味で靖国神社は、日本の伝統とは無関係な、近代的機関です。

靖国神社のホームページにはしかし、次のように書かれています。

我が国には今も、死者の御霊を神として祀り崇敬の対象とする文化・伝統が残されています。日本人は昔から、死者の御霊はこの国土に永遠に留まり、子孫を見守ってくれると信じてきました。今も日本の家庭で祖先の御霊が「家庭の守り神」として大切にされているのは、こうした伝統的な考えが神道の信仰とともに日本人に受け継がれているからです。そして同様に、日本人は家庭という共同体に限らず、地域社会や国家という共同体にとって大切な働きをした死者の御霊を、地域社会や国家の守り神（神霊）と考え大切にしてきました。靖国神社や全国にある護国神社は、そうした日本固有の文化実例の一つということができるでしょう。

しかし、これは明らかに嘘です。日本の伝統では、神社に祀られるのは、非業の死を遂げた人の霊だからです。そういう霊は、怨霊となって祟りをもたらすので、それを恐れて祀るのが日本の伝統です。典型的には、菅原道真を考えればよいでしょう。藤原氏に陥れられて太宰府に左遷されて死んだ道真は、強烈な怨霊となって朝廷・藤原氏・京都に度重なる苦難をもたらしたので、天神さんに祀られたのです。先祖崇拝は、全然別の話です。

「日本人は家庭という共同体に限らず、地域社会や国家という共同体にとって大切な働きをした死者の御霊を、地域社会や国家の守り神（神霊）と考え大切にしてきました」

などと言っていますが、そもそも「共同体」という概念が、日本の伝統にはありません。これは英語の「community」など、西欧語の翻訳語です。こういうところに外来概念を持ち込むところにも、靖国神社の近代性が表れています。

なによりも、日本の伝統では、何らかの集団のために大切な働きをした人は、その人の子孫を優遇することで報いることになっているのです。政界に二世・三世議員があふれているのはそのためです。そして、その人の霊は、子孫が先祖崇拝として祀ります。集団が祀るわけではないのです。典型的には藤原鎌足です。大化の改新で大活躍した彼は、その子孫が天皇家に次ぐ高い地位を占めることで、報われました。

なぜ靖国神社は、こんな見え透いた嘘をつくのでしょうか。それは、近代的なシステムであるにもかかわらず、神社という伝統的様式をまとっている、という誤魔化しに起因しています。

靖国神社は立場主義の総本山

もともと東京招魂社には神官がいませんでした。起工式でも、軍務官知官事・小松宮嘉彰親王が祭主、軍務官副知官事・大村益次郎が副祭主となり、明治天皇の勅使の参向のもと、祝詞の奏上などが行われていいます。神社っぽい儀礼は行われていたものの、そもそも正式の神社ではなかったのです。後に陸軍省は神官を置くことを太政官に要望し、そのためには「社格」が必要、ということになって、一八七九年に靖国神社と改称され、別格官幣社に列せられました（春山明哲「靖国神社とはなにか　資料研究の視座からの序論」『レファレンス』平成一八年七月号　四九〜七五頁）。

当初は神社でなかった、ということは、西洋式軍隊にふさわしい、西洋式の無名戦士の墓とか、アーリントン墓地のような、そういう施設にする、という方向性も考えていたのではないかと思います。しかしそれではあまりにも社会の実態と乖離しているので、神道風の要素も加味されたのでしょう。それは、「天皇」という近代的概念が、「天子」と「皇帝」とを合体させて形成されたのと、同じことだと思います（「天皇」という言葉の意味を私は飛鳥井教授から祇園のバーで教えていただきました）。

では、なぜ靖国神社は必要とされたのでしょうか。

私はそれが、立場主義と関係があると考えています。

家制度の下では、村なり国家なりの戦争に参加して命を落とした人が出れば、村なり国家なりが、その家を優遇することで、報いることができます。

たとえば滋賀県の菅浦という小さな村は、一一世紀から一六世紀に及ぶ、一二五〇通もの文書が保管されていたことで有名なのですが、その文書に書かれていることの主題は、隣の大浦という村との土地争いの記録です。その争いには裁判や談判という平和的なものもありますが、しばしば激しい戦闘を伴っており、多くの村民が命を落としています。膨大な記録が残されたのは、誰がどのように命をかけて貢献したかを明らかにして、子孫を村で支援し、優遇するためだったと考えられています。

戦国時代の武将が、勇猛果敢に命を賭けて戦ったのも、自分の子孫を繁栄させるためでした。家制度というイデオロギーのもとでは、子孫の優遇が、その人に必死の働きをさせるための重要なツールだったのです。

ところが、大村益次郎が構想したような国民皆兵の近代的軍隊は、そうはいきません。

家制度のもとでの兵役は、「家あたり何人」というふうに行われました。ところが近代的軍隊の徴兵制では、男一人で男一人、ということになります。そうなると、家を優遇して報いる、というシステムが機能しなくなります。つまりそもそも近代的軍隊は、家制度を破壊する性質を持っていたのです。されぱこそ、大村益次郎は「家主義者」たる武士によって暗殺されたのです。

そこで、義務教育を通じて兵士となることが義務であり栄誉であるというイデオロギーを叩きこみ、また、死んだら二階級特進といった現世的栄誉と、その御霊を靖国神社に祀る、という来世的栄誉によってやる気を引き出す、というシステムが形成されたのです。

既に述べたように、家単位から男単位へと徴兵の基盤が変化したことで、家制度が徐々に衰退し、立場主義が徐々に形成されていきました。第二次世界大戦とは、それを全社会化する出来事でした。この立場主義の隆盛と靖国神社の権威の拡大は軌を一にしています。

つまり靖国神社というのは「立場主義の総本山」とでも言うべき施設なのです。ですから、私は安倍首相を始めとする靖国神社大好き政治家は、ラディカルな立場主義者だと考えます。

靖国神社は戦没者墓地ではない

そして立場主義は、大戦後にさらなる発展を遂げました。その過程では、大規模工場の運営という具体的なタスクがあり、それが急激な成功を収めていたので、靖国イデオロギーはもはや必要とされなくなりました。立場主義者になれば、給料がドンスカ入るのであれば、誰も異を唱えたりしないのです。

しかし、昭和の末期には、ここまで見てきたとおり、立場主義そのものが動揺し始めます。その頃から靖国神社が、再度、重要な政治問題となり始めたのです。立場主義を何とか維持しようとする人々が、靖国神社を重視するのは必然です。

立場主義は言うまでもなく、近代に形成されたシステムです。それは言うなれば、家制度の要素と近代軍隊との折り合いをつけるために、無意識に創りだされたイデオロギーでした。

ですから、立場主義者は、中途半端な伝統主義者です。むしろ「伝統主義の衣をかぶった西洋かぶれ」だと言ってもいいのです。この奇妙な性格を象徴するのが、西洋的な戦士たちの墓地でもなく、かといって日本式の御霊の祟りを恐れて祀る施設でもない、中途半端な靖国神社なのです。

二〇一三年一〇月三日、アメリカのケリー国務長官とヘーゲル国防長官が千鳥ヶ淵戦没者墓苑を訪れ、献花しました。これは安倍首相が五月に訪米した際、靖国神社をアーリントン国立墓地になぞらえたことに対するけん制とみられています。AFP通信はこう伝えます。

同行した米国防総省高官は記者団に対し、千鳥ヶ淵戦没者墓苑はアーリントン国立墓地に「最も近い存在」だと説明。ケリー国務長官とヘーゲル国防長官は「日本の防衛相がアーリントン国立墓地で献花するのと同じように」戦没者に哀悼の意を示したと述べた。

つまりアメリカは、靖国神社は戦没者墓地ではないとハッキリ断言しているのです。国務長官と国防長官という政府のナンバー2、3と言ってもいい高官をわざわざ差し向けてまで（千鳥ヶ淵戦没者墓苑にとっては、七九年アルゼンチン大統領以来の外国政府高官だそうです）。

どうしても靖国神社の問題を考える時、中国と韓国の抗議を思い浮かべるので忘れがちになりますが、日本は太平洋戦争でアメリカと最も激しい戦いを繰り広げました。

なによりそのアメリカが、「そこは戦没者墓地とは認められません」と言い切る場所――それが、靖国神社というふしぎな存在なのです。

そしてそこに、安倍首相をはじめとする日本の一部の人々――立場主義者たち――は、吸い寄せられているのです。

日本人の多くは「靖国チルドレン」

「しかし私は学歴エリートでもないし、靖国神社にこだわりもない。そんな、『立場主義者』なんてものは、もしいたとしてもそれこそ日本の中枢の、ごく一部の男たちのことなのではないか……」

ここまでお読みになって、そんなふうに思われたかもしれません。しかしそれは間違いです。

「立場主義」の発生を思い出してください。

「役」を課す対象が「家」から「立場」になって、「立場」を重んずる心理・精神構造が発生したわけですから、そこで生まれ育った近代日本の男性は、そしてそれを妻として母として娘として支えた日本の女性たちも同様に、立場主義者である可能性が極めて高いのです。

私は拙書『もう「東大話法」にはだまされない』と『原発危機と「東大話法」』において、男性だけでなく、女性についても、「靖国の母」問題として議論しました。

ごく簡単に言いますと、明治徴兵制以降、男性は「立場」に付随した「役」を果たすために兵士となって戦地に赴かねばならなくなりました。最愛の息子が夫が父が兄が命の危険に晒される、それは極めて耐え難いことです。そこで女性たちがとった生き延びるための戦術は、自らを「靖国の母」という「立場」に追い込むことで、

「夫は英霊となったのだ、哀しむことはない」
「息子はお国のために死んだのだ、喜ぶべきことだ」

と自分に言い聞かせることでした。悲しい、辛い、切ない、虚しいといった、自らの素直な感覚・感情に蓋をして。

生きる辛さを回避するための大変もの哀しい作戦であるとはいえ、これは客観的に見て「欺瞞」であることに変わりはありません。

この母親たちの「欺瞞」つまり「嘘」が一番影響してしまったのが、他ならぬ、なんの罪もない子どもたちです。

ちいさな子どもたちには生まれ持って、他の人間が何を考えているのか、何を感じているのか直感的に理解する力があります。

そんな彼ら・彼女らにとって、自らを庇護する最も大きな存在である母親が、

「本当は悲しいのに悲しくない言動をする」
「本当は嬉しいのに嬉しくない言動をする」

という身心が矛盾した状態であり続けることは、混乱を招くどころか、素直な感情の発育を阻害する

行為です。最も酷い場合には、その子どもが、統合失調症的な症状を発症する可能性までもがあります。

これがグレゴリー・ベイトソンという天才文化人類学者・社会学者が発見した「ダブルバインド」状態です。

これは未だに「しつけ」という名において行われている行為でもあります。簡単に言えば、

「お前を殴るのは、お前を愛しているからだよ！（そうじゃないと、大人になったときに苦労するから）」

というような、矛盾していながら、それを隠蔽するメッセージを送り続けられると、認識の枠組みそのものが狂うように学習してしまう、という事態です。

こう書くと、思い当たる節が全くない方はほとんどおられないのではないでしょうか。

かつ大変厄介なことに、こうして育てられた子どもはダブルバインド状態があたりまえだと思って成長します。そうすると、特に子育てに際して、自分がされたのと同じことをするのです。

しかも、第一世代はまだ「顔で笑って心で泣いて」を少なくとも自分自身は意識しつつ行っていたかもしれませんが、その娘になると「なぜそうするのか」という理由が曖昧になり、「なんだかよくわからないけど、こういう時はこうするもの」という、超「靖国の母」になるのです。

文化というのはそういうものです。

つまり我々現代日本人の多くは、程度の差こそあれ「靖国の母」に育てられた、靖国チルドレンなのです。

立場主義とタガメ女

しかし戦争はもう何十年も昔に終わったじゃないか、「靖国の母」である必要はもうどこにもないのだから……。いやいや、「靖国の母」を生んだのは「立場主義」ですから、「立場主義」が滅びない限り「靖国の母」はまた再生産されるのです。

「帝国軍人」が「モーレツサラリーマン」に進化したように、銃をアタッシュケースに持ち替えて経済戦争に出てゆく男たちを見送る女たち、彼女たちも環境に応じて進化したのです。

そんな彼女たちの生態を、私の共同研究者である深尾葉子・大阪大学准教授は詳細に分析され、「タガメ女」と名づけました。

タガメとは、お若い方だともう見たこともない方も多いかと思いますが、田んぼや湖沼に棲息する昆虫のことです。

彼らは鋭い鉤状の前脚を持ち、獲物、たとえばカエルが近くを通りかかった瞬間、その前脚でガッチリと挟み込み、口吻を突き刺して肉を溶かす消化液を送り込んで、溶けた養分をチューチューと吸うのです。

なんと恐ろしい。

日本の男たちは、「立場主義」から逃れることができません。いや、できないと思い込んでいるか、またあるいはそんな軛《くびき》につながれていると認識することすらできません。

ともかくそうやって立場という「タガ」にハメられている男たちにとって必要な、ありがたいパートナーとは、そういう「タガ」を無意識で理解している、自分たちも「タガ」にハメられている「タガ女《め》」つまりタガメ女なのです。

彼女たちタガメ女は、この男たちの心理を巧みに利用し、狙った獲物、つまり社会的地位が高そうな男性に近づき、捕まえ、ガッチリ摑んで離さず、その経済的・肉体的リソースを文字どおり死ぬまで吸い尽くします。

このようにタガメ女に喰い尽くされる男を、「カエル男」と呼びます。

ここで「日本立場主義人民共和国三カ条憲法」を思い出してください。

一　「役」を果たすためには、なんでもしなくてはならない。

二　「立場」を守るためなら、なにをしても良い。

三　人の「立場」をおびやかしてはならない。

まさに平均的な日本のカエル男と、タガメ女の生き方そのものではありませんか。

父は過労死するまで働いて「世帯主」の役を果たそうとし、母はノイローゼになるまで子育てと家事に奔走する。

父は己の仕事を守るためには原発も爆発させるし、母は主婦の座を守るためには父の浮気の後片付けまで率先して行い、自分はこっそり出会い系サイトで浮気する。

父は家のことを何一つせず、その代わり（当然ですが）母は仕事のことを何一つしない。

おたがいがおたがいの「立場」を尊重することで共同体を形成し、裏で妻に隠れて浮気をしようと夫のカネを浪費をしようと、それは見て見ぬふりをする……

「……そ、それでもいいじゃないか本人たちが幸せならば」

とおっしゃるかもしれません。しかしそれは間違いだ、と私は断言します。

なぜならこの関係はおたがいがおたがいの言葉や行動を信頼してつながり合っている、というまっとうなコミュニケーションではなく、欺瞞と嘘に満ち溢れたごまかしの接続、仮面の関係に過ぎないからです。

こういう「仲のいいフリ」をする関係が世の中に蔓延すると、当然ながら、欺瞞と嘘に満ち溢れた世の中になってしまいます。

それは、どう考えてもマズイではないですか。

日本一のカエル男

ここでまたもや登場するのが、我らが安倍晋三首相です。

先ほど私は、靖国神社に対する姿勢からして彼はラディカルな立場主義者だ、と言いました。それに加えてこのタガメ・カエル的観点で見ても、彼は強烈なカエル男、カエル男の中のカエル男、すなわち日本一のカエル男ではないか、と深尾氏は喝破します。

なんとなれば「アッキー」の愛称でセレブ主婦たちが憧れの眼差しで見つめる昭恵夫人は、森永グループの創業者一族のご令嬢。聖心女子大から電通に勤めたお嬢様・オブ・ザ・お嬢様です。

「そんなセレブなら夫を搾取する必要などないのでは……」

と思われるのは甘い。むしろ夫にとっては経済力で言うことを聞かせる技が全く通じない、大変厄介な相手です。またお金では買えない「ファースト・レディー」という地位を、夫を操縦することで手に入れている、という穿った見方もできます。

加えて、安倍首相がお母様の洋子さんに全く頭が上がらないのは有名な話です。演説のやり方までアドバイスされていると言われ、彼女は「政界のゴッドマザー」などと囁かれたりもします。もちろんのことながら洋子さんは岸信介首相の長女であり、安倍晋太郎の妻でもあります。日本で初めて父と息子とが首相となった女性です。

このような強烈な女性陣に脇を固められ、祖父が「昭和の妖怪」岸信介、叔父が「ノーベル平和賞」佐藤栄作、父も自民党の総裁・首相候補常連の超大物。まさにガチガチの「立場」渦巻く家、日本の立場主義の総本山お膝元に育ったのが、安倍晋三少年なのです。

普通、こんな家に生まれたらプレッシャーでぶっ壊れるか、陶芸家にでもなって山奥に籠もるか、二つに一つです。

私なら逃げ出します。

しかし晋三少年は祖父譲りのド根性があったのか、それともそんな家に生まれるとそういう状態が「あたりまえ」に感じられて疑問を抱かないのか、刻苦勉励一念通天、首相の座にまで登りつめました。

皇太子殿下を除けば日本一「プリンス」という単語が似合いそうな出身にもかかわらず、彼は時折下品なまでの攻撃性を垣間見せます。

自分の演説をシュプレヒコールで邪魔した人々を、Facebookで「左翼」や「恥ずかしい大人」などと発言したこともありました。

その破壊衝動の源泉は、この押しつぶされ続けた日々にあるのではないか、と推察します。

そういえばアドルフ・ヒトラーの父親は大変過酷な人物で、ことあるごとに鞭や棒でアドルフ少年を叩いたそうですが、晋三少年も当時東大生の家庭教師、平沢勝栄氏（のちに衆院議員）に随分しごかれたようです。

「息を吐くように嘘をつく」のは誰なのか

立場主義とそこから派生したタガメ・カエル家庭の最も大きな弊害は、欺瞞と嘘に対して無頓着になることです。普段から立場を守るため、あるいはタガメ・カエル状態を保持するために、家庭にも欺瞞と嘘が渦巻いているからです。こんな家で育って嘘を嫌う人間にはなれません。

第一章で、私はオリンピック開催都市プレゼンテーションでの安倍首相の「嘘」を指摘しました。

「(汚染水の)状況はコントロールされている」

というあれです。その際、

「ひょっとすると無知なだけかもしれない」

とも言いましたが、ここにおいて、やはりそうではなく、あれは「嘘」だと確信を持って言えるでしょう。

一三年六月には安倍氏は、民主党の細野幹事長とのやりとりから同じくFacebookに、

「『民主党は息を吐く様に嘘をつく』との批評が聞こえて来そうです」

とまで発言しました。さすがにこれには「ネトウヨ」と呼ばれるネット上の右傾化した人々もいわゆる「ドン引き」で、

「言いたい気持ちはわかるがそれを言うのは俺たちにまかせろ」

と諌められる始末でした。

民主党政権の三年間を振り返っていただくと（そしてこの本の議論を思い出していただくと）おわかりのように——私には何も民主党を擁護する気持ちは一片たりとてもないのですが——確かに民主党は無能で、いいかげんで、まとまりがなくて、見通しが甘くて、学習能力もなくて、できもしないことを「やります」と言って選挙で勝ったのですが、それはつまり「嘘をついた」のではなく、無力であったために、結果的に「できなかった」のです。

まあ結果的にやるといってたことができなけりゃ「嘘」じゃないか、というのは確かにそれはそうですが、最初から騙す意図のあるかないかというのは、本質的な問題です。

ではなぜ安倍氏は民主党のことを、無能と言わずにウソツキだと言ったのでしょう？

人間は自らの価値観に基づくこと、言い換えれば知っていることしか語ることができません。こう

いう場合に人は往々にして、自分の姿を他人に押し付けてしまうものなのです。

つまり安倍首相の批判の言葉は、自らの性質を吐露してしまったのではないでしょうか。

嘘というものは、息を吐くようにつくものだ、と。

TPP問題ひとつとっても、「断固反対」で選挙を戦い、勝てば「聖域が認められなければ撤退する」と言って交渉に参加し、それが認められないとなれば「精査して譲れるところを……」とズルズルと後退し続けています。

始めから譲りまくるつもりだったんじゃないか、「嘘」じゃないかという疑念は、たとえば鳩山首相の普天間問題の時の比ではありません。

五輪招致での「嘘」とそれへの批判にも全く懲りもせず悪びれもせず、またも一三年一〇月九日、水銀汚染の防止を目指す「水俣条約」採択会議の開会記念式典に寄せたビデオメッセージの中で、

「日本は水銀による被害を克服した」


という趣旨の発言をしました。

言うまでもありませんが、その水俣ではまだまだたくさんの人々が水俣病に苦しめられ続けています。行政側の患者認定に対して不満がくすぶり続け、裁判も起こされています。「克服」などという言葉を、少なくとも政府の最高責任者が易々と使っていい状況ではどう考えてもありません。

なんともいえない気持ちになるのは、汚染水の件でも申しましたが、こんな「嘘」は別につかなくてもいい嘘なのです。

誠実に正直に、「まだまだ回復途上であります、こういう災害を二度と起こしてはなりません」と語るほうがよほど人の心を打つでしょう。

時代遅れの徴兵制を導入したい理由

なぜ、息を吐くように軽々と、こんな「嘘」をつくのか。

それはもう、身体に染み付いた習性という他ありません。

牽強付会と思われるかもしれませんが、私にはその習性は、日本最強の立場主義&タガメ女・カエル男家庭によって植え付けられた、哀しい習性のように思えてならないのです。

しかし、立場主義は前節で明らかにしたように、もはや枯死・崩壊しかかっています。

それでも彼ら立場主義育ちの人々は、必死になってそれを維持しよう、守り抜こうとしています。

その象徴ともいえる決定的な一打が、靖国神社、靖国の母とも強烈に関係するところの、「徴兵制」でしょう。

二〇一〇年三月四日の共同通信の記事を見てみましょう。

　　自民党憲法改正推進本部（本部長・保利耕輔前政調会長）は四日の会合で、徴兵制導入の検討を示唆するなど保守色を強く打ち出した論点を公表した。これを基に議論を進め、〇五年に策定した改憲草案に修正を加えて、憲法改正の手続きを定めた国民投票法が施行される五月までの成案取りまとめを目指す。(http://www.47news.jp/CN/201003/CN2010030401000592.html)

しかし現代の戦いにおいては、武器・兵器の高度化・システム化が極めて進んでおり、使いこなしに高度な長期間の訓練が必要で、急遽掻き集められた新兵では使い物になりません。たとえば戦闘機一つとってみても、太平洋戦争中は数か月の訓練で新兵を飛ばすだけなら飛ばせましたが、現代のジェット戦闘機ではまず不可能です。そもそも日本で防空に使える戦闘機は三六〇機ほどしかなく、陸海軍合わせ通算で数万機が飛んだ(それだけパイロットを必要とした)太平洋戦争とは全く様相が違うのです。

物理的な「国防」という観点からは、もはや徴兵制に意味はありません。

それでも徴兵制という言葉に陶酔的な甘い響きを感じる人々は、その強制性が醸しだす強烈な「立場主義」の匂いを嗅いで酔っ払っているのでしょう。

兵士、工員、小役人。

近代が大量に求め日本の立場主義が猛烈にフィットしたこの三つのジョブのうち、工員はもう必要なく小役人は有り余っており、若者に立場主義を植え付けるとするなら最早兵士しか残っていません。

しかし、兵士こそ全然必要とされない時代です。

巨大なワールド・トレード・センター二棟をわずか一〇名ほどの実行犯たちが崩壊せしめることでアメリカ全土をパニックに陥れた同時多発テロ事件。またそのアメリカを筆頭に急速度で進む無人機など無人戦闘兵器の開発。さらには戦争や紛争を請け負う「民間戦争会社」の勃興。

もちろんそれらを奨励するつもりは一切ありませんが、徴兵制もそれで集めた兵士も完全に時代遅れだ、ということです。

このような、タイムマシンで過去に戻るような政策がうまくいくはずがないのです。

何度でも指摘しますがこれらは、日本の社会をよくしようとか、いい方向に導こうという熟慮や議論の末導かれた策ではなく、立場主義者たちが自分たちの立場を守るために、立場主義を維持し立場主義者を拡大再生産しようとする、最後の抵抗に過ぎないのです。

安倍首相の施政方針演説にみる福沢諭吉の亡霊

ここまで主に「立場主義」という、日本の近代文化の基礎になっているもののとらえ方を見てきました。そしてそれに我々が絡め取られていて社会を歪め、それは安倍首相も例外ではない、いや彼こそが「立場主義」の最も強烈な体現者でありかつ、最も可哀想な被害者である、と。

ところが実は、日本の近代を歪めている思想・文化、つまりものの考え方は、これだけではないのです。

私はそれらをまとめて「福沢の亡霊」と呼んでいます。

端的に言えば、明治維新の際に「近代化」を迫られた日本が、大慌てに慌てて西洋の思想やシステムを、日本の伝統に無理矢理接続した、その無理と矛盾が今になって噴き出てきているのです。もちろん「立場主義」も、成立を思い返していただくとおわかりのように、その重要な一つです。

ここからはいくつかのその「亡霊」を見ていきたいと思います。

取っ掛かりになるのは、やはりこの人、安倍晋三首相。二〇一三年二月二八日、第一八三回国会で行った施政方針演説の冒頭です。

「強い日本」。それを創るのは、他の誰でもありません。私たち自身です。
「一身独立して一国独立する」
私たち自身が、誰かに寄り掛かる心を捨て、それぞれの持ち場で、自ら運命を切り拓こうという意志を持たない限り、私たちの未来は開けません。

この言葉です。

この言葉こそが、この考え方こそがまさに、我々の社会を混乱に陥れ、人々を苦しめているのです。

この演説は、いくつかの不合理な思い込み、より強い言葉で言えば、妄想の上に構成されています。一つずつ見ていきましょう。

第一に、

「『自ら運命を切り拓こうという意志』によってのみ、『未来』が切り開かれる」

という妄想です。

そういう「意志」が結果的に何をもたらすかわからない、という危険性を帯びていることは、人類が思想というものを展開し始めて以来、繰り返し指摘されてきたことなのです。たとえばギリシャ悲劇の最高傑作とされるソポクレス『オイディプス王』です。彼は自ら運命を切り拓こうという意志を強く持つことによって、逆にその運命に弄《もてあそ》ばれるようにして、次々に悲劇を拡大していきます。こうした悲劇の連鎖ほど、恐ろしいものはありません。

第二に、

「人間には『それぞれの持ち場』がある」

という妄想です。

これはまさに、「立場主義」以外の何物でもありません。

安倍首相は、個々人が守る「持ち場」の集積として社会を見ています。これは社会をまるで古いタイプの軍隊のようなものとして受け取る見方であり、ここまで散々見てきましたとおり、嘘と欺瞞に彩られた、たいへん非人間的なシステムです。

彼はここでもまた、自らが既に崩壊しつつある「立場主義」の信奉者であることを吐露し、この妄想を維持するぞ、と宣言しているのです。

第三に、

「『誰かに寄り掛かる心を捨て』ることが『自立』」

だ、という妄想です。

この考え方を私は、『生きる技法』という本を書いて徹底的に批判しました。事実は全く逆です。

「自立とは依存すること」

なのです。これは中村尚司さんという偉大な経済学者が、「自立とは何か」という六〇年近い思索の末明らかにした命題です。

人間、いや、生命は、誰かに寄り掛かることなしには生きられません。ですから、より多くの人に寄りかかることのできる人こそが、より自立した人なのです。

誰かに寄りかかることは悪だと思い込んでしまうと、寄りかかる先が減ってしまいます。そうすると残った少数の寄りかかり先に強く依存することになり、それは自立ではなく、隷属です。

実際問題として、独立だと大見得を切った安倍政権こそがアジアでの孤立を深め、アメリカへの隷属を強めているではないですか。

第四に、

「一身独立して一国独立する」

という妄想です。

これは福沢諭吉がその有名な著、『学問のすゝめ』において、

「士農工商おのおのその分を尽くし、銘々の家業を営み、身も独立し、家も独立し、天下国家も独立すべきなり」

と言ったことを踏まえています。しかし、一応なりとも生まれた時から自由で平等な時代に生きている我々が改めてこの一文を読むと、奇妙な感じを覚えます。

それもそのはず、この福沢の教えとは、近世日本特有の身分制度に、儒教の「修身斉家治国平天下」思想をパラパラと振りかけて味付けし、さらに「個人」や「国家の独立」といった舶来思想をも盛り込んだ、実にへんてこりんな混合物なのです。

儒教における「修身」とは、日々の生活のなかから、自分自身のあり方を問い、成長する、という姿勢のことです。それは「分を尽くす」というような、固定的なことではありえません。なぜなら成長する身は変化するのであり、「分」からはみ出していくからです。

「君子は器ならず」という論語の言葉は、それを意味しています。このような柔軟性を維持する君子がいてはじめて、家もととのい、国も治まり、天下は平らかになります。

福沢は「天下国家」とひとくくりにしていますが、国家が我を張れば、天下は乱れますから、これは実は、ひとくくりにはなるものではありません。

余談ですが、明治期以降の日本の学問社会、特に人文系においては、海外から直輸入した概念に適当に日本の現状分析や稀には東洋（中国）のエッセンス、さらには自分の妄想をパラパラと振りかけてさも偉大な思想であるかのように盛り付ける「偽装工作」が盛んに行われていますが、その源流は今も誰もが名著と薦める『学問のすゝめ』そして福沢諭吉か、と考えますと、少し暗澹たる気分になります。

第五に、

「強い日本」

という妄想です。

はたして「強い」ことが必要なのでしょうか。全員がそれぞれに持ち場を必死で守り、その集積として維持形成されるような「強い日本」は、むしろ脆いのではないでしょうか。

大切なことは、社会が強くあることではありません。社会がいきいきとした活力を持って発展的であることがだいじなのです。

どんなに強くとも、脆くも崩れてしまうなら意味がありません。脆さを回避するためには、柔軟でなければなりません。柔軟さ、しなやかさを持ってはじめて、時々刻々と変化する状況に有効に対応し得るのです。

社会全体がそのような対応力を持つためには、個々人が、自分自身のあり方を常に問うて成長する柔軟さが不可欠です。それこそが本来の「修身」という言葉の意味だと、私は理解しています。

この短い言葉にこれだけのツッコミどころがあります。どれだけ「福沢の亡霊」が我々の心にまとわりついているかの証拠でしょう。さればこそ、立場主義時代の末期に、最高金額のお札に福沢諭吉が刷られることになったのかもしれません。

このような妄想に依拠する限り、状況に対して正常な対応をすることなど不可能です。未来を切り拓くために私たちが今なすべきことは、まず何より、このような迷妄から抜け出すことでしょう。

次節から、これらの論点についてもう少し詳しく見ていきます。ただし二番目の「持ち場」は「立場主義」のことなので、説明は繰り返しません。また三番目と四番目は、福沢諭吉の『学問のすゝめ』に関わることなので、一体として議論します。

オイディプス王にみる「意志」の問題

まず一番目の、「意志」の問題です。

「意志」は本当に、そのイメージどおり、人間にいつも善きものをもたらしてくれているのでしょうか。

実はこの「意志」の問題性は、人類史上、いろいろな形でいろいろな人が明らかにしてきました。いちいちそれを論じていたら、果てしない書物を書かなければなりません。

そのなかでも、ソポクレス（紀元前四九六年頃～四〇六年頃）という古代ギリシャ人の書いた名作悲劇『オイディプス王』は、代表的なものです。少し長くなりますが、この作品は紡がれゆく運命の綾こそが肝ですので、あらすじをご覧ください。

＊

オイディプスは、テーバイの王である。しかし彼が即位して以来、不作と疫病が続いていた。そこでデルポイの神殿に神託を求めたところ、先王ラーイオスの殺害者を逮捕して、テーバイから追放せよ、とのことであった。

オイディプスはラーイオスの殺害者を捕まえるように布告を出し、高名な盲目の預言者テイレシアースに殺害者を占わせた。王の前に現れたテイレシアースは、占いにより、その犯人がオイディプス王その人だった、という預言を得た。

テイレシアースは、王を憚ってその預言を隠そうとした。しかしオイディプスが強要したため、テイレシアースはついに、占いの結果を明らかにする。これを聞いたオイディプスは激怒し、自らを陥れる陰謀だと考え、家臣や預言者に詰め寄った。そこに王妃イオカステーが現れて仲裁した。

イオカステーは、オイディプスに、預言など当てにならないのだ、と言う。イオカステーは元来、先王ラーイオスの王妃であり、両者の間に生まれた子どもの話をする。かつて両者が子どもを産むと、「お前の子がお前を殺し、お前の妻との間に子をなす」との神託があったが、実際にはラーイオスは、ポーキスの三叉路で何者かに殺されてしまい、預言は外れたのだった。

この話を聞いたオイディプスは、不安になった。なぜなら彼はポーキスの三叉路で人を殺したことがあったからである。そこでイオカステーは、ラーイオスが殺害された際に、現場にいた従者を呼んで、無実を明らかにするようにオイディプスに薦めた。その従者は、既にテーバイを離れていた。

オイディプスが従者を探しているところに、コリントスからの使者が訪れ、コリントス王ポリュボスが死んだので、帰国して王位に就くように、と促した。オイディプスは元来、コリントス王の息子であり、自分が「父親を殺し、母親との間に子をなす」という神託を得たためにコリントスを離れてテーバイに来たのである。この預言を理由に、オイディプスは帰国を断った。

ところがこの使者は、彼らはオイディプスの実の父母ではないのだと言った。これを聞いたイオカステーは衝撃を受けて部屋に戻る。

やがて殺人現場にいた従者がオイディプスのもとに連れて来られた。この従者はラーイオスとイオカステーの息子を殺すように命じられた者でもあった。彼は赤子を殺すに忍びず、キタイローンの山中に捨てたのであった。ついに従者は、オイディプスに真実を告げる。オイディプスこそが、ラーイオスとイオカステーの息子であり、三叉路でラーイオスを殺した犯人だったのだ。

真実を知ったオイディプスは、妻にして母であることが明らかとなったイオカステーを探すべくその部屋を訪れた。するとイオカステーは首をつって死んでいた。オイディプスは、我と我が目をイオカステーのブローチで刺し、自ら盲目となった。そして自身をテーバイから追放させて、乞食となるのである。

＊

どうでしょう。ここに描かれているのは、人間の「意志」の問題ではないでしょうか。

この悲劇はまず、「生まれてきた子どもが父を殺し、母と子をなす」という神託を受けた父親が、運命を回避する「意志」を抱くところで始まります。殺すように命じられた従者は、赤子がかわいそうなので、その「意志」によって、山中に置き去りにします。

青年となったオイディプスは「父を殺し、母と子をなす」という神託を受け、その運命を回避する「意志」を抱いてコリントを離れて旅に出ます。

そこでたまたま父親と三叉路で出会い、いざこざが起きて、父と知らずに「父を殺す」という預言を実現してしまうのです。その後、オイディプスは、スフィンクスの謎を解いてテーバイの人々を救い、そのために人々に乞われて王となります。そして、先王の若い王妃であったイオカステーと結婚して「母と子をなす」という預言も実現します。

さらにそのうえ、飢饉と疫病に苦しむ人々を救おうという「意志」を抱き、その実現と、自らの潔白を明らかにするという「意志」のために詮索を続け、とうとう、恐るべき真実を明らかにして、破滅してしまいます。

つまり「人間の『意志』などというものは、とてもとてもあさはかなものだ」というのがこの作品のテーマではないでしょうか。

誰もが、神託によって運命を知ろうとするのですが、これがそもそも間違いなのです。運命などというものは文字どおり、「知らぬが仏」です。何かを神託として受け取ると、はたしてそれが本当か嘘か、悩まないといけません。悩んだ挙句に「意思決定」するわけですが、それが次々に裏目に出て、結局、神託のとおりになるわけです。

約二五〇〇年後、紀元二〇一二年に、ニッポンという遥か東の国の宰相が、

「自ら運命を切り拓こうという意志を持たない限り、私たちの未来は開けません」

と語った、と盲目のオイディプスに伝えれば、彼はなんと言うでしょうか。

安倍晋三が国民に求めている覚悟

我々の住む世界の圧倒的な複雑さに思いを馳せれば、人間の「意志」などというものの限界は当然の話です。

たとえば歩くというような簡単な行為ですら、実のところ大変むずかしいタスクです。今のところ、人間のようにスムーズに二足歩行するロボットは開発されていません。歩くことによって、時々刻々と変化する地面や周辺の状況に、リアルタイムで対応することが、極めてむずかしいからです。

人間が日常的に行っている行為は、それを「意思決定」の連鎖としてとらえるなら、信じがたいほど

の巨大で複雑なタスクとなります。

その複雑さは、

一　可能な行動の数がとんでもなく大きいこと
二　ありうる事態の組み合わせの数が爆発的に大きいこと
三　ものごとの影響関係が比例的でないこと

に起因します。以下簡単に説明しておきます。

まず一、具体的な現実世界において、「行動の選択肢」のようなものを考えると、実際のところその可能性は、無数となります。

たとえば交差点にあなたが立っているとすると、可能な選択肢は、南に行く、北に行く、西に行く、東に行く、の四つだけはありません。どこにもいかないで立っている、とか、しゃがんでみる、とか、歌い出す、とか、飛べないかどうか羽ばたいてみる、とか、眼の前にいる人に相談してみる、とか、壁をよじ登る、とか、マンホールの蓋を開けてみる、とか、いくらでも考えられます。それを東西南北の四つにあらかじめ絞る、ということがなければ、「選択」という行為は成り立ちません。

これを「複雑性の縮減」と言います。ニクラス・ルーマンというドイツの社会学者が指摘しました。この縮減を、合理的な形で行うのは、可能な選択肢が惹起する事態のすべてを事前に知り、そのうち、無意味なものを排除する、という手続きが必要ですが、そんなことができるなら、縮減をする必要がそもそもありません。ですから、選択肢の排除は、無根拠に、機械的に行うしかないのです。

それ以上に深刻なのは、二、の組み合わせの問題です。あることの実現を決意した、としましょう。その実現のためには、考えるべき条件のすべてを勘定に入れて方策を立案せねばなりません。考えるべき条件が一つであれば、その条件が満たされるか、満たされないかを考えればよいわけです。二つになると、条件1と条件2との組み合わせのすべて、つまり、両方満たされない、1が満たされる、2が満たされる、両方満たされる、の四つの場合のそれぞれについて、手段を講じねばなりません。条件が三つになると八通り、四つになると一六通り、と倍々ゲームで増えていきます。考えるべき条件が五〇ほどもあれば、その数は天文学的となり、生きている間に数え上げることすら不可能となります。

更に大変なのは三、です。ある操作とその結果とが、比例関係にある、というのは、原因が二倍になれば、結果が二倍になる、という状態です。こういう比例関係にあるなら、物事の操作は容易です。しかし、我々が直面する世界は、大抵の場合、この比例関係が満たされていません。

たとえば、ラブレターです。ラブレターを一通送る場合と、二通送る場合とを比べて、色よい返事をもらえる可能性は、二倍になるでしょうか。ラブレターを一方的に一〇〇通送ったりすると、色よい返事をもらえる可能性が一〇〇倍になるどころか、ストーカー行為で逮捕されてしまいます。

こういうわけですから、何か、強い「意志」を持って、その実現に挑む、という態度そのものが、

合理性を欠いているのです。しかも、安倍首相の要求するのは、

「それぞれの持ち場で、自ら運命を切り拓こうという意志」

です。「それぞれの持ち場」は外部から固定されているのですから、そこに踏みとどまる意志などというのは、最悪です。なぜならそのような態度は、状況に柔軟に対応する力を奪ってしまうからです。その結果として生じるのは「玉砕」だけだと言ってよいでしょう。

私はこの言葉から、サイパン島玉砕を前にした南雲忠一海軍中将の訓示を思い出してしまいました。

今や、止まるも死、進むも死、死生命あり、須く其の時を得て、帝国男児の真骨頂を発揮するを要す、余は残留諸子と共に、断乎進んで米鬼に一撃を加へ、太平洋の防波堤となりてサイパン島に骨を埋めんとす。戦陣訓に曰く「生きて虜囚の辱を受けず」勇躍全力を尽して従容として悠久の大義に生きるを悦びとすべし。

この訓示のせいで、兵士のみならず民間人までもが数多く自殺する悲劇が起きたとされています。安倍首相が日本人に求めているのは、そういう覚悟なのではないでしょうか。

『学問のすゝめ』を読み解く

次に第三と第四のテーマ、「自立」について考えてみます。

安倍首相は、「誰かに寄り掛かる心を捨て」ることが「自立」だ、と言いました。こう考えている人は非常に多いようですが、実はこれは妄想です。

この施政方針演説では、

「一身の独立を唱えた福沢諭吉も、自立した個人を基礎としつつ、国民も、国家も、苦楽を共にすべきだと述べています」

と、福沢諭吉の『学問のすゝめ』を繰り返し引用しています。どうも、この本がこの妄想を固定化する上で、大きな役割を果たしているようです。

そこで『学問のすゝめ』の冒頭部分から何カ所かを、青空文庫から引用して議論したいと思います。

(http://www.aozora.gr.jp/cards/000296/files/47061_29420.html)

こちらも少し長くなりますが、ここまでの議論を踏まえた新しい目で読んでいただくと、いろいろ疑問が湧いてくると思います。

＊

「天は人の上に人を造らず人の下に人を造らず」と言えり。されば天より人を生ずるには、万人は万人みな同じ位にして、生まれながら貴賤上下の差別なく、万物の霊たる身と心との働きをもって天地の間にあるよろずの物を資り、もって衣食住の用を達し、自由自在、互いに人の妨げをなさずしておのおの安楽にこの世を渡らしめ給うの趣意なり。されども今、広くこの人間世界を見渡すに、かしこき人あり、おろかなる人あり、貧しきもあり、富めるもあり、貴人もあり、下人もありて、その有様雲と泥との相違あるに似たるはなんぞや。その次第はなはだ明らかなり。『実語教』に、「人学ばざれば智なし、智なき者は愚人なり」とあり。されば賢人と愚人との別は学ぶと学ばざるとによりてできるものなり。また世の中にむずかしき仕事もあり、やすき仕事もあり。そのむずかしき仕事をする者を身分重き人と名づけ、やすき仕事をする者を身分軽き人という。すべて心を用い、心配する仕事はむずかしくして、手足を用うる力役はやすし。ゆえに医者、学者、政府の役人、または大なる商売をする町人、あまたの奉公人を召し使う大百姓などは、身分重くして貴き者と言うべし。

身分重くして貴ければおのずからその家も富んで、下々の者より見れば及ぶべからざるようなれども、その本を尋ぬればただその人に学問の力あるとなきとによりてその相違もできたるのみにて、天より定めたる約束にあらず。諺にいわく、「天は富貴を人に与えずして、これをその人の働きに与うるものなり」と。されば前にも言えるとおり、人は生まれながらにして貴賤・貧富の別なし。ただ学問を勤めて物事をよく知る者は貴人となり富人となり、無学なる者は貧人となり下人となるなり。

学問とは、ただむずかしき字を知り、解し難き古文を読み、和歌を楽しみ、詩を作るなど、世上に実のなき文学を言うにあらず。これらの文学もおのずから人の心を悦ばしめずいぶん調法なるものなれども、古来、世間の儒者・和学者などの申すよう、さまであがめ貴むべきものにあらず。古来、漢学者に世帯持ちの上手なる者も少なく、和歌をよくして商売に巧者なる町人もまれなり。これがため心ある町人・百姓は、その子の学問に出精するを見て、やがて身代を持ち崩すならんとて親心に心配する者あり。無理ならぬことなり。畢竟その学問の実に遠くして日用の間に合わぬ証拠なり。

されば今、かかる実なき学問はまず次にし、もっぱら勤むべきは人間普通日用に近き実学なり。譬えば、いろは四十七文字を習い、手紙の文言、帳合いの仕方、算盤の稽古、天秤の取扱い等を心得、なおまた進んで学ぶべき箇条ははなはだ多し。地理学とは日本国中はもちろん世界万国の風土道案内なり。究理学とは天地万物の性質を見て、その働きを知る学問なり。歴史とは年代記のくわしきものにて万国古今の有様を詮索する書物なり。経済学とは一身一家の世帯より天下の世帯を説きたるものなり。修身学とは身の行ないを修め、人に交わり、この世を渡るべき天然の道理を述べたるものなり。

これらの学問をするに、いずれも西洋の翻訳書を取り調べ、たいていのことは日本の仮名にて用を便じ、あるいは年少にして文才ある者へは横文字をも読ませ、一科一学も実事を押え、その事につきその物に従い、近く物事の道理を求めて今日の用を達すべきなり。右は人間普通の実学にて、人たる者は貴賤上下の区別なく、みなことごとくたしなむべき心得なれば、この心得ありて後に、士農工商おのおのその分を尽くし、銘々の家業を営み、身も独立し、家も独立し、天下国家も独立すべきなり。

学問をするには分限を知ること肝要なり。人の天然生まれつきは、繋がれず縛られず、一人前の男は男、一人前の女は女にて、自由自在なる者なれども、ただ自由自在とのみ唱えて分限を知らざればわがまま放蕩に陥ること多し。すなわちその分限とは、天の道理に基づき人の情に従い、他人の妨げをなさずしてわが一身の自由を達することなり。自由とわがままとの界は、他人の妨げをなすとなさざるとの間にあり。譬えば自分の金銀を費やしてなすことなれば、たとい酒色に耽り放蕩を尽くすも自由自在なるべきに似たれども、けっして然らず、一人の放蕩は諸人の手本となり、ついに世間の風俗を乱りて人の教えに妨げをなすがゆえに、その費やすところの金銀はその人のものたりとも、その罪許すべからず。

＊

あらためて熟読すると、『学問のすゝめ』というもはや誰も読まなくなった本が、本質的な影響を今も与え続けていることに気づきます。たとえば、

「すべて心を用い、心配する仕事はむずかしくして、手足を用うる力役はやすし。ゆえに医者、学者、政府の役人、または大なる商売をする町人、あまたの奉公人を召し使う大百姓などは、身分重くして貴き者と言うべし」

というような歪んだ職業観は、今日でも一般的です。また、

「これらの学問をするに、いずれも西洋の翻訳書を取調べ、大抵の事は日本の仮名にて用を便じ、或いは年少にして文才ある者へは横文字をも読ませ、一科一学も実事を押え、その事に就きその物に従い、近く物事の道理を求めて今日の用を達すべきなり」

という精神は、現在の大学の最大の問題である、西洋実学偏重主義に如実に表れています。

それは、工学・医学・薬学・農学・法学・経済学といった「実学」分野に予算が注ぎ込まれ、哲学・思想・古典学・歴史学・物理学・生態学・教育学・心理学・芸術といった「虚学」が軽視される日本の国立大学のあり方にも及んでいます。

特に、日本を含むアジアの歴史・思想・芸術がおどろくほどに軽視されていることは、実に深刻な問題です。なぜなら、そういった自分自身の思考の源泉や由来の知識なくして、真に創造的な学問を展開することはできないからです。

日本人として最初にノーベル賞を受賞した理論物理学者の湯川秀樹が、漢学の家の出身であり、中間子論を構想する際に、『荘子』の「混沌」についての章の影響を受けたと自ら述べていることは、よく知られているところです。日本では現代においてすら、福沢の求めたような知識体系を、「人間普通の実学にて、人たる者は貴賤上下の区別なく皆悉くたしなむべき心得」と考えており、湯川の如き素養の欠如を恥とせずにいることが、日本の現在の閉塞の大きな原因になっています。

さらに、

「この心得ありて後に士農工商おのおのその分を尽し銘々の家業を営み、身も独立し家も独立し天下国家も独立すべきなり」

という文章は、特に重要です。これは福沢の思想の基本的な歪みを表現するばかりか、現在の日本社会の問題をも表現しています。

この文章はまず、「家業」を持つ個々の家、という言葉から、「士農工商」という身分制度が構成される社会を前提としています。このような構造は、近世日本社会に特有のものです。その上、「身も独立し家も独立し天下国家も独立すべきなり」という文は、「修身斉家治国平天下」という『礼記』の「大学」の句に、「独立(independence)」という西洋概念を接ぎ木したものです。言うまでもありませんが、儒教思想は古代中国社会に成立したものであって、近世日本の家制度とも、西欧近代の国民国家とも、なんの関係もありません。

『論語』にも『孟子』にも『礼記』にも「独立」という概念はありません。論語には「独立」という用語が一度だけ出ていますが、これは「(庭に)一人で立っている」という意味です(『中國哲學書電子化計劃』http://ctext.org/zh で検索)。

このように、近世日本、古代中国、近代西欧の諸概念を、何の脈絡もなく重ね合わせる、という乱暴なやり方で思考すれば、内部に矛盾を抱え込んでしまい、必然的に混乱します。こういった多彩な要素を取り込むには、すべてを批判的に検討しつつ、独自の思想を一貫した形で展開せねばなりませんが、「実学重視」の福沢はそういったことを軽視して、継ぎ接ぎで済ませているのではないでしょうか。

この混乱を表現しているのが、次の福沢の文章です。

独立とは一軒の家に住居して他人へ衣食を仰がずとの義のみにあらず。こはただ内の義務なり。なお一歩を進めて外の義務を論ずれば、日本国に居て日本人たる名を恥ずかしめず、国中の人とともに力を尽くし、この日本国をして自由独立の地位を得せしめ、はじめて内外の義務を終わりたりと言うべし。ゆえに一軒の家に居てわずかに衣食する者は、これを一家独立の主人と言うべし、いまだ独立の日本人と言うべからず。（『学問のすすめ』十篇）

これは一体、何の話をしているのでしょうか？

「独立とは一軒の家に住居して他人へ衣食を仰がずとの義のみにあらず」

というのは、意味がわかりません。他人に衣食を仰がないで暮らすことなど、江戸時代の農民でも、いやもっと昔の庶民ですらできることではありません。大半の人は、何らかの交換に依存して暮らしていました。

もし、他人から施しを受けないで、貨幣で購入することを「他人へ衣食を仰がず」と言っているのだとすれば、それは甚だしく軽率な議論です。私がたとえば近所のお店に行って魚を買ったとしましょう。それは、

【貨幣】　私↓小売店↓卸↓浜仲買商↓漁師

という「貨幣の流れ」によって、

【魚】　私↑小売店↑卸↑浜仲買商↑漁師

という「魚の流れ」を形成しているに過ぎないのです。貨幣の流れというのは、無価値な紙切れが流れているに過ぎず、言ってみれば幻想に過ぎません。その幻想のヴェールをはいでみれば、私が魚を漁師に仰ぐ、という実物の流れしか生じていないのです。つまり、私たちは貨幣によって、他人への依存を安定的に維持しているに過ぎません。貨幣を払えば「他人へ衣食を仰がず」であり、払わなければ「仰ぐ」だ、というのは幻想に過ぎないのです。

福沢はそのうえ、次のように言っています。

「こはただ内の義務なり。なお一歩を進めて外の義務を論ずれば、日本国に居て日本人たる名を恥ずかしめず、国中の人とともに力を尽くし、この日本国をして自由独立の地位を得せしめ、はじめて内外の義務を終わりたりと言うべし」

なぜ突然、義務の話になるのでしょうか。今は、独立の話をしていたはずです。実はこの引用文の直前に、福沢は次のように言っているのです。

すでに自由独立と言うときは、その字義の中におのずからまた義務の考えなかるべからず。

これは極めて重要な論点です。

西欧的な文脈においては、「自由」とは「選択の自由」を意味します。何かの「意思決定」を迫られた状況において、その人に対して十分な範囲の選択肢が与えられているなら、その人は「自由」だ、と考えるのです。そして、その状況で何らかの「選択」をしたなら、そこから生じる結果については、その人に「責任」がある、と考えます。また、責任があることについては、それに関連する「義務」が生じます。十分に選択肢が与えられている人の意思決定は、外部からの影響なしに行われるので、その人は「独立」している、ということにもなります。これが

「自由独立が義務を含意する」

ということの意味です。

ところが福沢は、こういった西欧的文脈を完全に無視しています。そして「一軒の家に住居して他

人へ衣食を仰がず」という不可能事を「自由独立」の含意する「内なる義務」であると言い、「日本国に居て日本人たる名を恥ずかしめず、国中の人とともに力を尽くし、この日本国をして自由独立の地位を得せしめ」ることが「外なる義務」だと言うのです。トンチンカンも甚だしいと言わざるを得ません。

なぜ福沢はこんなことを言うのでしょうか。

それには既に説明した「役の体系」のことを考えていただければよいと思います。「役」というのは「家」に貼り付けられます。家の構成員はなによりもまず、「家」を維持させる「役」があり、それを果たせば家の中での「立場」が守られます。ですから、「一軒の家に住居して他人へ衣食を仰がず」というのが、「内なる役」です。

一方、「家」の外に対しては、「家」に与えられた「家役」を果たさねばなりません。ここの「家」が「役」を果たせば、個々の「郡」が役を果たし、個々の「郡」が役を果たせば、個々の「国」が役を果たし、そうして「天下（＝日本）」も成り立つのです。

福沢の言っている「内なる義務」「外なる義務」というのは、そういうことです。つまり、彼は西洋風の雰囲気を醸し出しながら、実際には近世日本に特有の「家制度」の話をここで展開しているにすぎないのです。

「学問をするには分限を知ること肝要なり。（中略）ただ自由自在とのみ唱えて分限を知らざればわがまま放蕩に陥ること多し。すなわちその分限とは、天の道理に基づき人の情に従い、他人の妨げをなさずしてわが一身の自由を達することなり」

という考えも、以上と同じところに発しています。

「自由は義務を伴う」という言葉は、いま説明したように、「選択→責任」という考えに発しています。選択の結果に責任を取らねばならぬことが、その人の選択を自ずから、社会的あるいは倫理的に許容される範囲へと限ることになる、という発想です。

しかし福沢の議論から「選択→責任」の問題は抜け落ちています。それゆえ「自由自在」そのもののなかに、それを制約する論理を組み込むことができません。そこで困った福沢は、ただ自由自在であれば、「わがまま放蕩に陥る」という全然関係のない話を導入しているのです。

この流れの中から、

自由とわがままとの界は、他人の妨げをなすとなさざるとの間にあり。

という決定的に重要な一文が出てきます。

これこそ、近代日本社会の根幹を成す倫理だといってよいでしょう。

なぜわがまま放蕩がいけないのかというと、「他人の妨げ」になるからです。つまり、「人に迷惑をかける」ということです。

「自由」は尊いが、人に迷惑をかける「わがまま」はいかん。

という教えは、みなさんも幼い頃から耳にタコができるほど聞いた覚えがありませんでしょうか。その源流は、実はここにあったようです。

このように議論が進むなら、なぜ人に迷惑をかけてはいけないのか、が論じられねばなりません。しかし、福沢はそのような議論を展開していません。展開する必要を認めないのだと思います。これはおそらく、日本人にとって、当然の原理だからなのでしょう。それを私は「立場主義」のなかで、

三　人の「立場」をおびやかしてはならない。

と定式化しました。「迷惑」の本質はこれだと思うからです。福沢の「他人の妨げ」もまた、これに帰結するのではないでしょうか。

というのも、これに続いて福沢が、自分の金銀で「酒色に耽り放蕩を尽くす」のは、「わがまま」になる、と言っているからです。なぜ「わがまま」かというと、その人の放蕩が、他人の手本となってしまい、「世間の風俗を乱りて人の教えに妨げをなす」からだ、と言います。そうなったらいけな

い理由は説明されていませんが、他人が酒食に耽るようになると、その人の「家」の「独立」がおびやかされるからでしょう。つまり福沢は、

・人の家をおびやかしてはならない

という倫理を前提にしているのです。

しかし、これらが完全な間違いであることは、先立って述べました。

中村尚司《ひさし》さんというたいへん偉大な経済学者は、小学生の頃から

「自立とはなんだろう」

という命題を六〇年考え続けておられました。

その方が、小島直子さんという先天性脳性小児マヒのため手足がほとんど機能しないながら、多くの人に依存することによって自立を果たし、一人暮らしを続けておられる方の自伝、これがまた、『口からうんちが出るように手術してください』（コモンズ）という衝撃的なタイトルなのですが、この書と出会って確信を持たれたそうです。つまり、

「自立とは依存することだ」

と。

繰り返しになりますが、人間はそもそも誰かに依存することなしに生きていけません。山奥で自給自足の一人暮らしであったとしても、農機具や衣服は誰かが作ったものです。まさか衣服からそれを縫う糸、針まで自家製のスーパープリミティブライフを楽しんでおられる方は……おられるかもしれませんが極めて少数でしょう。

そして、依存する相手が増えれば増えるほど、実は人はより自立するのです。

たとえば近所に食べものを買いに行くことにしましょう。スーパー、コンビニ、商店街のお店、デパ地下……と様々なお店で買い物ができれば、どこかが潰れても、あるいは気に入った食材がなくても、別のお店に行くことができます。

しかし相当な田舎で行動範囲に食料品を扱う店が一軒しかないような場合、その店が臨時休業でもすればお腹を空かせてひもじい思いをせねばなりません。また店主が意地悪で、多少ぼったくられても我慢して代金を払わなければならないかもしれません。

つまり、「依存」する相手を減らせば減らすほど、実は「従属」を増すのです。実際、極端な右傾化をチラつかせる安倍政権は中国・韓国から嫌がられてアメリカへの依存度を増し、結果ＴＰＰ交渉などでまるでアメリカのために代わりに行動するような有り様で、

「日本が来てくれるならアメリカへの有効な対抗馬になりうる」

と期待した他の参加国の失望を買っています。

まさに依存対象を減らしたがゆえの従属です。この考え方は、いままでの日本の常識、福沢的な「自由」「独立」の概念とは真逆の考え方で、常識外れに見えるかもしれません。

否、こうして見てきたように、近世日本、古代中国、近代西欧をちゃんぽんにした福沢的な考え方こそがキメラのような奇怪な生き物なのであって、それが明治以降一〇〇年以上日本人の物の考え方の根底に根付き続けている、という事態のほうが非常識なのです。

まず『学問のすゝめ』という、その時代には歴史的意義があったかもしれませんが今の時代には全く即していない書物の軛から、逃れなければなりません。この書物は、福沢の思想が優れていたというよりも、当時の人々がぼんやり感じていた方向性がとてもうまく言語化されていたので、人気を博したのでしょう。

「とにかく追いつくためにはこんな感じで頑張らねば」

と。

そもそもみなさんの中でこの書物を真面目に読まれた方はどのぐらいいらっしゃるでしょうか。また中学生高校生のような若いころに、読書感想文か何かで無理矢理読まされたとしても、その内容をくっきり覚えている方、さらにはそれにしたがって自分の人生を、

「自由」「独立」

なものにしてきたのだ、と胸を張って言い切れる方は。たぶん全くおられないか、おられたとしても一〇万人、一〇〇万人に一人のとても珍しい方だと思います。

『歎異抄』でも『徒然草』でも、いやそれこそ『源氏物語』でもいいのですが、日本にはもっと人々に大きな影響を与え、かつ与え続けている真に優れた書物がたくさんあるはずです。

にもかかわらずわざわざこのカビの生えた賞味期限切れの『学問のすゝめ』を持ち出すあたりも、安倍首相が強固な立場主義者であり、その復古のため力を尽くしているのだ、と私が考える論拠のひとつです。

本当の「強さ」とは

最後に五番目、「強い日本」という言葉について、簡単に見ておきましょう。

ここまで議論にお付き合いくださった皆様ならもうおわかりのように、本当の「強さ」とは、製造業でバリバリモノを作って世界中に売りさばいて大儲けすることでも、財政出動で国土中をコンク

リートで固めまくることでも、アメリカにおべっかを使って核の傘とやらで守ってもらうことでもありません。

言い方を換えるなら、今まで「強さ」と思われていたそういうものは、時代の変化によって「強さ」でもなんでもなくなっているのです。「強い」の定義が変わっているのです。

どうしても「強さ」が欲しい、「強い日本」じゃなきゃヤダ、というのなら、今の時代に即した新しい「強さ」を手に入れる必要があります。具体的に言うなら、商売では技術力ではなくブランド力、財政では権限移譲と住民を主体とした「行政参加型」の政府、そして多くの国と本気で仲良くすることで攻め込まれる可能性をなくすソフトウェア型安全保障。言葉で言うなら「強固さ」「巨大さ」「複雑さ」といった近代的キーワードから、「しなやかさ」「身体性」「わかりやすさ」といった現代的キーワードが、「強さ」の中身に既になっているのです。

それにしてもなぜ彼らは、「強さ」を求めるのでしょう？

理由は簡単で、安倍首相のような強度の立場主義者たちは、「立場」のために、自らのイキイキとした感覚を封殺しています。つまり、人間ならば誰しも持つ、内なる「生きる力」をなくしてしまっているのです。そういう人間は弱虫です。だから、「強さ」という言葉に憧れ、強力な力を、破壊的な力を欲します。

そしてその破壊力を使って早くこの苦しい世の中から立ち去りたい、つまり、死に魅入られているのです。しかし、弱虫には自分一人で死ぬ根性すらありませんから、皆を道づれにしたいのです。その根性すらない場合には、死ぬまで生きていたいのです。自分の生きる力ではなく、人や自然や環境のエネルギーを搾取して。

だから、核エネルギーなのです。原発と核武装、高速増殖炉と核燃料サイクル。

考えてもみてください、本当に「無限の力」が欲しいならば再生可能エネルギー系、太陽光・風力・水力などのほうが間違いなく無限の力です。エネルギー安全保障だというならこれらこそ一〇〇%国産で、世界情勢に左右されません。現に一三年一〇月のデータでは、再生可能エネルギーのトップランナー・ドイツでは昼ピークの実に六〇%を太陽光と風力でまかなった経験があります。これぞ本当の「力」ではないでしょうか。

つまり彼らにとってはそういったことはどうでもよくて、いわば自滅するための「破壊力」が欲しいのです。自らの中に「生きる力」という「神秘の力」がないが故に、核エネルギーのような扱いづらいものを、いや扱いづらいからこそ、「神秘の力」と礼賛し崇め奉るのです。

六〇年代七〇年代、ヒッピー文化においてグレゴリー・ベイトソンとともに崇拝された人物として、カート・ヴォネガットがいます。『タイタンの妖女』や『猫のゆりかご』と聞けばご存知の方も多いかと思いますが、その『猫のゆりかご』には「ボコノン教」という架空の宗教が描かれています。

「あらゆる宗教は宗教的体験を阻害する」

という皮肉な言い回しがありますが、ヴォネガットの天才性は「現実の宗教が神秘のパロディに過ぎないとするなら、宗教をパロディにすれば神秘に近づけるのではないか」と考えまたそれを文学に書き留めてしまった点です。

詳しくは『猫のゆりかご』をお読みいただきたいのですが、その後のカルト教団（日本のオウム真理教を含め）の足跡をあまりにも先取りしていて、背筋が凍ります。

ヴォネガットがここで逆説的に指摘していることは、神秘は内なるものであって、外から与えてもらうものではない、そういうものに騙されると（騙されたいと思うと）、とんでもないことになる、ということです。

ここまで核エネルギーのデメリットが明らかになり、これから汚染水対策に廃炉、なにより被災者の方々の生活再建と補償にどれほどのコストが掛かるかわからないこの状況で、まだ核エネルギーにすがりつく人々はたくさんいます。特に、利害当事者でもないのに目を吊り上げて必死で核エネルギーを擁護する人々の存在は、まともな感覚の持ち主には理解し難いものです。

ですがこれでおわかりでしょう、彼らの「原発を止めるな！」という絶叫は、麻薬患者の「ヤクをくれ！」という叫びと同じ構造なのです。

本当の「強さ」とは、核エネルギーのような自滅する力や心身を麻痺させる力ではなく、「生きる力」のことです。

安倍首相に倣って演説してみますと、以下のようになります。

「強い日本」。それを創るのは、私たちの生きる力です。そして一人でも多くの人に依存せねばなりません。

「依存すればするほど、日本は自立する」

私たちはできるだけ多くの頼れる友だちを世界中に作り、そのご縁によって、やりたいことを楽しくやっていきましょう。その勇気を持とうではありませんか。そうすれば未来が開けます。


いかがですか。

すくなくとも元の演説よりはだいぶ、未来が開けるような気がしないでしょうか。

こういう日本を実現するために、私たちにできることは実はたくさんあります。

まずそれぞれがこのような生き方をすれば、そういう創造的な人同士がつながって、ますますその力は拡大していくことができます。

これこそが「成長」です。

旧来の考え方やそれを振り回す人々に侵食されそうになったら、子ども、特にまだ無垢《むく》なちいさな子どもに助けを求めましょう。

その笑顔が、きっと生きる力を回復してくれます。

そのお返しに、私たちは子どもや、子どものように人々の生きる力を増やしてくれる人を（私は

『論語』にしたがってこういう人を『君子』と呼びます）サポート・アシストしましょう。

そうやってネットワークを広げていけばいつか必ず、日本はいや世界はひっくり返る、いや、まっすぐに立つ、と信じています。

まとめ――通用しなくなった「勝ちパターン」とこれから

この章では主に「立場主義」と、「福沢の亡霊」と題して日本の近代を覆った、「意志」の問題を始めとする思想的矛盾を明らかにしてきました。

立場主義に関しては、長い歴史の必然でこうなってしまっている以上、そう簡単に変えられるものではないのかな、とも思います。しかし、我々はこういう狂った考え方に支配されている、あるいは支配されがちだ、と知っているだけでも随分対処の方法が違ってきます。

特に「立場」を与えられた人間が暴走する、という現象は日本と日本人だけの問題でもありません。語りだすとまた本が分厚くなるので割愛しますが、ミルグラムの「アイヒマン実験」、『es』という映画の基になった「スタンフォード監獄実験」という名前だけ挙げておきます。どれも有名なエピソードで書物もたくさん出ていますし、Wikipediaを引くだけでもその内容に戦慄できるでしょう。

これは人間の根本的問題として、常に忘れないようにおたがいに議論し続ける必要があるのかもしれません。

また『学問のすゝめ』については、もはやまるで通用しないどころか弊害のある書物にもかかわらず、「権威の借り所」として君臨しているのが非常に厄介です。大学にいますと、今でも福沢の思想を実践されている、あるいはしようとする方が多く、ゲンナリします。

これにつきましては、誰かに持ち出されたらそのつど「ああ、あの和洋中折衷料理ね」と笑い飛ばすことで歴史の海にお返ししましょう。

そして「意志」の問題については、ぜひみなさんもご自分でお考えください。

今回は触れ始めるとページ数を莫大に喰うので割愛しましたが、「自由意志」は「自力」という考え方と結びつきやすく、それに対する我が日本の誇る哲学者・親鸞の答えは「他力」です。他力こそが自由なのです。

私たちは息ひとつ自分の「意志」ではできません。そもそもそんなに「意志」が強力で素晴らしくなんでも可能にするものなら、意志の力で死なないようになればいいわけですが、それに成功した人は未だかつていません。死という生命にとって最も大切なことをコントロールできない能力など、だいじなわけがないではないですか。

とどのつまりは近代、特に日本の近代は、大慌てで西欧風に列強化する必要性に迫られた（と思い込んだ）ことと、それにたまたま大成功してしまったことによる成功体験によって、近代的家制度、西洋的自主独立、古代中国的修身思想、それらがグチャグチャに煮込まれた闇鍋状態になっているのです。

最新のＤＮＡ鑑定などを駆使した文化人類学的な知見によれば、もともと日本列島という場所は、いろいろな時期に様々なルートから様々な集団がやってきて、以前からいた人たちと交わっていったような、今のアメリカのように「るつぼ」的な土地柄のようです。ですから、もともとそういう「なんでも混ぜる」文化の鍋料理が得意なのかもしれません。しかし、矛盾したツギハギ思想にとらわれていながら、一貫した合理的行動をとることは不可能です。

まずは一人ひとりがこの文化的闇鍋状態にどっぷり浸ることから脱して、それぞれが、自分の素直な感覚に基づいた行動や思考を、はじめなければならない、と思うのです。そうすることではじめて、グチャグチャの闇鍋のなかから、自分に必要なものを取り出して、意味を与え、自らが生きるために必要な知識を、自ら創出することができるようになります。もちろんそれは、自分の「しあわせ」のためです。

そしてこれは、そんなにむずかしいことではありません。

簡単に言えば子どもの頃から刷り込まれた「こうしなさいあしなさい」「こうせねばああせねば」をいったん打ち捨て、内なる感覚に耳を澄ませる。その感覚に従う。そういう態度を持ち続ける。そうすればおのずと自分にとっての「しあわせ」を感じ取れることができるようになり、そうすればそれを追求できるようになり、そういう人はとても魅力的ですからまた周りに魅力的な人が集まって……というサイクルが、回るでしょう。

また、「無縁所」の復活も真剣に検討する必要があります。古来ある種の寺社や街は「立場」のない人々を収容してきました。「いざとなったら逃げられる」と思えるからこそ頑張れる、という面もあります。大学などは本来そういう場所だったはずですが、今では巨大な関所と化し、立場主義者が蠢《うごめ》いています。

若者が「就活で自殺を考える」つまり「立場がなければ死ぬしかない」など思い込む事態は、極めて異常です。これが異常であるという感覚を忘れてはいけません。これだけめまぐるしくすさまじいスピードで状況がコロコロ変わる社会においては、固定化された「立場」にしがみつく立場主義者であることは極めて危険な賭けだと思います。

なぜなら、ある一瞬非常に強い「立場」であっても、次の瞬間にはその「立場」そのものが地の底に落ちるかもしれません。その時、その「立場」でしか物が語れない人は、「立場」の地盤沈下の道連れとなるほか、ないのです。

福島第一原発事故を引き起こした当時の東京電力の経営陣は、週刊誌の怪しい記事によりますと今は「海外の高級マンションで悠々自適な生活」だそうです。が、それは果たして「しあわせ」でしょうか。

「悪いことはしていない、私は私の立場にふさわしい振る舞いをしただけだ」

彼らは、そう言うかもしれません。

しかし少なくとも私は、このような「立場」に立つことは、どんな大金を積まれても嫌です。そんなことをしてまで、生きている意味があるとは思えません。

野田佳彦首相は二〇一一年一二月、原発事故の「収束宣言」を出しました。その後を見ておわかりのように、いや、その当時でも事故を追ってきた人々には当然のことでしたが、事故は一ミリたりとても「収束」などしていません。

首相の「立場」がそうさせたのか、官僚か財界か誰が入れ知恵したのかはわかりませんが、とにかく「嘘」をついたことになります。

そうすると、立場から滑り落ちた途端、ただの「嘘つき」になります。

おそらくこれから以降、彼が何を言おうともライバルや野次馬から「嘘つき！」の罵声が飛び続けることでしょう。特にネットの出現によって、公的な発言はいつでも・いつまでも・誰にでも簡単に・掘り起こせるものになってしまいました。彼は一九五七年の生まれですから、まだ二〇年は政治活動ができるはずです。その長きに渡ってそのハンディと闘わねばならないとは、他人事ながら大変だなあ、と思います。

それとも政治家として「あがり」である首相までやってしまった以上、もうあとは野となれ山となれ、でしょうか。

それともまた、「知らなかった、教えられたことを伝えただけだ」とでも言い訳するのでしょうか。

さて、開き直ったかのように息を吐くように嘘をつく人々の行く手にどのような未来が待っているのでしょう。

それとも忘れっぽい日本人は、七五日もすれば嘘も、嘘をついたことも、すっかり忘れてしまうのでしょうか。

日本を蝕んだ行き過ぎた立場主義は、もはや終焉を迎えています。

それを感じることができてないのは、自らの感覚を閉ざしてしまっているコアな立場主義者だけなのです。

エピローグ

古いシステムの断末魔

ここまでお読みになって、どう思われましたでしょうか。

議論を強引に一言でまとめてしまえば、

「日本という社会が、コミュニケーション不全に陥っている」

という言い方もできます。

人間が集まるだけでは「社会」にはなりません。コミュニケーションが生じて初めて「社会」になります。ということは、社会がギスギスしている場合、コミュニケーションがおかしくなっているのです。社会のコミュニケーションのある面を政治、ある面を経済と呼ぶのであって、「政治はいいけど経済は悪い」などということは原理的に起きません。

安倍政権をみると、まず政治的には、少数であるはずの体制派と「立場なき人々」に熱心に語りかけるばかりで、国民の大多数とのコミュニケーションが不全です。

経済的にも、真の意味での創造的イノベーションを通じて、良質なコミュニケーションの拡大再生産を目指す、という観点が完全に欠落しており、対症療法的な金融政策と、漠然とした成長戦略という、ほとんど無意味な方策しか示しておりません。その一方で、開かれたコミュニケーションを阻害する根本原因である「関所」は肥大化する一方です。

そして文化的には、コミュニケーションが要らない、あるいは固定化された偽装的なコミュニケーションを必要とする「立場主義」の堅持。

これでは社会のコミュニケーションは滞るばかりです。

まず何よりも、人々の間にまともなコミュニケーションを取り戻さなければなりません。

その方策としては各節に散りばめたように、「子どもに学ぶ」とか「言葉の使い方を正す」などいろいろあると思います。みなさんもそれぞれ考えてみてください。しかしなにより、我々の生活をこのコミュニケーション不全が覆っている、これが我々の「生きる力」の邪魔をしているのだ、と知ること、またそれを知らない人に伝えることがすべての第一歩です。私はそのために、この本を書きました。

もちろん、「コミュニケーション不全」は日本だけの問題ではありません。先進各国は程度の差こそあれどこでも、また中国やインドももう見ている間に陥るような、極めて重大かつ本質的かつ一般的な問題です。

いや、人類の抱える難問はほとんどすべてここに起因すると言い切ってもいいのかもしれません。

特に中国・インドといった超大国が環境・食料・エネルギーの面でコミュニーケーション不全に起因する無茶を始めています。これは洒落になりません。

一例を上げると、中国は一九九五年まで大豆の輸出国でした。それが今や、当時世界一の輸入国だった日本の一〇倍の輸入国になっています。その大豆の多くがアマゾンの森林を破壊して栽培されています。わずか二〇年ほどで、アマゾン川流域の密林を燃やし尽くして大豆畑にしてしまう勢いです。

このインパクトの急激さと巨大さを前にしては、地球がもちません。

現に私が毎年行く、中国・黄土高原の村にいた子どもたちは、おしゃべりすなわちコミュニケーションが大人顔負けに上手だったのですが、北京の子どもたちは相当怪しいです。肥満した子どもが、怪音波のような甘え声を発しながら、親や祖父母にじゃれつく異様な姿を見ていると、まだ日本のほうがマシかと思えるほどです。

ですから日本こそが、いち早くこのコミュニケーション不全から脱して、むしろそうした各国のコミュニケーションの結節点になることで、存在感を高めることを目標にすべきなのです。

本来、中国とアメリカとの利害が対立すれば、仲介に入るのは歴史的・地理的・文化的に日本がベストではないですか。そういう二大勢力の間に入って仲介するほど、美味しい話はありません。なぜそこでアメリカ側にベッタリ付こうとするのですか。この一点を取っても、奇妙な先入観が我々の心の奥底にこびりついていることがわかります。

現に、イスラム諸国には、日本に対して私たちには理由がわからないほどの好感を抱き、そういった役割を期待している人が多数おられる、とイスラム研究の権威であった片倉もとこ先生からおうかがいしました。その期待がかれてしまわないうちに、私たちはその一歩を踏み出さねばなりません。

絶望する必要などどこにもないのです。

反動的と言ってもいいほど「いままでのやり方」に固執する安倍政権が誕生した、ということは見方を変えると、その古いシステムの断末魔を意味するのではないでしょうか。

フランス革命だって何度も揺り戻しを繰り返して徐々に安定したわけですし、巨龍・中国が力を取り戻すのに、また大英帝国が落日から復活する兆しを見せるのに、数十年、一〇〇年といった単位の長い時間が必要でした。

人間が本能的に持つ秩序形成能力は素晴らしいものです。ソ連崩壊の際、KGBなどが所有していた超小型核爆弾が拡散すると恐れ慄《おのの》かれましたが、そんなことは起きませんでした。マハトマ・ガンディーは「この力があるからこそ人類は滅んでいない」と言いました。

しかし逆にその強力な秩序形成能力こそが、結節点を生み出し「立場」を作り出すのですから、なかなかままならないものなのですが。

＊　＊　＊

さて、ここまで議論を重ねてようやく、

「イッポンをトレモロす」

の本当の意味が見えてきました。

「イッポン」とはどうやら私たちの住む日本ではなく、立場主義者たちの頭の中にある妄想の国、「日本立場主義人民共和国」のことのようです。

そこには動植物の生態系、気候風土、文化、そして一万年のオーダーで考えれば多数の人種すらいる、日本列島の誇る多様性はありません。ただただ己の従う「立場」が、周囲の人にも「立場」があるだけの、恐ろしく単調で枯死してしまったような灰色の立場世界です、そうまさに、あの一本松のように。

だからニッポンではなく「イッポン」なのでしょう。

また「トレモロ」とは、単一の高さの音を連続して、または複数の高さの音を交互に、小刻みに演奏する音楽技法のことです。どうやら

「昔やったやり方をもう一回やりますよ。何度でもやりますよ。どこまででもやりますよ」

という宣言だったようです。

魂が感じているものは、こうして形に現れます。冒頭申し上げたとおり、滑舌が悪いのでも言い間違えでもなく、彼は、そして彼の支持者たちはいま一生懸命、

「イッポンをトレモロ」

しているのです。

確かにこれだけ大成功を収めた日本近代システムを捨て、新しい考え方や行動の仕方を多くの人が身につけるには、まだまだ時間がかかっても不思議ではありません。

ですが繰り返しますが、もうそれでは我々は生き残ることができないのです。どうやったら人々の間に開かれたコミュニケーションを取り戻すことができ、そこから価値＝生きる力が生み出され、健全な社会に立て直すことができるのか、そこを考えて行動せねばなりません。

豊かな生態系を回復し発展させることこそが「価値」を増す、つまり儲かるのだと、その実例をひとつずつ積み重ねながら。

ここは日本人の特性、節操がないほどの変わり身の速さに期待しましょう。

人々を勇気づける、映画『先祖になる』

さて最後に、立場主義ではなく、自分の魂の感覚に従って力強く生きている人と、それを素直な心で「すごい！」と感じた映画監督が撮った映画をご紹介しましょう。

『先祖になる』という映画です。監督は、池谷薫さん。

「奇跡の一本松」から程遠くないところに住む佐藤直志さん（七七歳）は、津波で家をやられたばかりか、息子を失いました。消防団員の彼は、わざわざ低い場所に行って動けない人を助けようとして、津波に呑まれたのです。

佐藤さんが若い頃、自分が伐った樹で気仙沼大工に建てさせた家は、二階まで水に浸かったにもかかわらずかろうじて残りました。

これこそが奇跡です。

彼は避難所や仮設住宅に行くことを拒否して、その家の二階に住み続けました。妻に嫁、友人から自治体職員までもが説得しますが、耳を貸しません。それどころか彼は、またも自分で樹を伐り出し、家を建て直すというのです。彼を追っていた池谷監督でさえ思わず「そりゃ無理だ」と思ったそうです。

なぜそんな大変なことを、もうすぐあの世に行きそうな老人がやろうとするのでしょう。

それは、佐藤さんによれば、そうして家を建てる者がいれば、やがて人々が降りてきて、また家を建て、何十年か後には町が復興するはずだ、と考えたからです。すべての建物が失われたこの町に、最初の家を建てて住めば、それが「先祖になる」ということだ、と。

しかも佐藤さんの伐る樹は、津波によって塩水をかぶって枯死した、あるいは枯死しつつある樹で、もはやチップにしかならないと言われた樹々だそうです。それを佐藤さんは「だったら俺が家を建てるのに使う」と言い出し、自ら伐り倒して木材にしました。

このように、佐藤さんと、彼が建てる家は、「奇跡の一本松」のようなフランケンシュタインの怪物ではありません。それは、現実の生きた復興のシンボルです。そしてその生き様を描いたこの映画こそ、人々を勇気づける、優れた作品です。

いえ、単に被災者を元気づけるばかりではありません。人口構成が歪み、原発事故で放射能をばら撒かれ、満身創痍になった日本社会に住み、「元気」なんてとうの昔に失ってせいぜい出るのは「空元気」だけ、いやむしろ「空元気」こそが「元気」だ、という倒錯を生きるようになってしまった多くの人々に、本当の元気を、本当の幸福を、本当の喜びを、本当の友だちを、本当の信仰を思い出させる、そういう映画なのです。

いま人々を本当に力づけるものは、こういう作品ではないでしょうか。

この映画は、ベルリン国際映画祭エキュメニカル賞特別賞、香港国際映画祭グランプリ、文化庁映画賞文化記録映画大賞などを受賞し、ロングランこそ続けていますが、それでも赤字になりそうなのです。枯死した松の改造手術には一億の寄付が集まるのに、こういう本当に元気をくれる作品におひねりは飛ばない。この事実が、歪んでしまった我々の精神構造の象徴に思えてなりません。

いま我々がやらなければならないのは、「イッポンをトレモロす」ことではなく、この日本列島の「先祖になる」ことではないでしょうか。

あとがき

二〇一三年三月九〜一一日に開かれた、馬力学会第一回研究会のために、私は新潟県の粟島に渡りました。そうしたら、シケのために島から誰も出られなくなり、一泊で帰るつもりだった多くの参加者が、島に閉じ込められてしまいました。そのシケの夜に、粟島のおいしい魚・海藻・野菜をいただきながら、旅館で同宿の皆さんといろいろなお話をしました。本書は、そのときの話が起点になっております。

その内容をまとめて本を書くつもりで、明石書店にご相談したところ、出版の許諾をいただきました。一気呵成に書くつもりだったのですが、意外に筆が運びませんでした。どうも気が滅入ってくるためでした。

そこで一旦、執筆を休憩し、その内容を圧縮して、岩波書店の『世界』二〇一三年七月号に、『【立場主義を超えて】先祖になれ！——倒錯のアベノミクスではなく真に生きるための政治信条』という文章の形で公表いたしました。

その後、八月に、毎年恒例の中国黄土高原でのフィールドワークの旅に出たのですが、そこに作家・脚本家のながたかずひささんが、同行してくださいました。帰りに陝西省綏徳《せんせいしょうすうとく》から、黄河を渡り、山西省を突っ切って北京へと向かう夜行列車に乗りました。突貫工事で作ったと思しき山西省の線路を爆走する列車は、しばしばガーンという音がして激しく揺れ、寝台で寝ている人は全員そのたびに飛び起きる、というような刺激的な旅でした。

おかげで神経質な私は、よく寝られなかったので、私はながたさんと、早々に起きだして、いろいろな話をしておりました。そのなかで、この本の内容と、そのあとに書くべきことをすべてお話ししてしまいました。そこで、ながたさんに書きかけの原稿を見ていただき、お話したことを書き加えながら再構成して、本書を完成させていただこう、という考えが浮かび、ながたさんは快諾してくださいました。

しかし。帰国後、作業に取り掛かったながたさんは、書いているうちに、どんどん気が滅入ってきて、やがて猛烈に歯が痛くなってしまったそうなのです。本書の原稿を読んで明らかになった日本の姿が、あまりにも絶望的に見えたためだった、と言っておられました。

そのため、当初は一か月もあればできるだろう、と思われた作業が、なかなかはかどらず、ようやく一一月に入って最初の原稿をいただきました。その原稿をチラッと見た私も、同じように気が滅入ってしまったのでした。

そこで二人で、一体、何がそんなに気を滅入らせるのかを明らかにすべく、徹底的に議論しました。そのなかで、何が私たちにとっての頼りなのか、どのように生きるべきなのか、が明らかになるように書き換えることにいたしました。

それから一か月、原稿をキャッチボールしながら、ようやく、完成にこぎ着けたのが、本書です。予想以上に苦しんだ執筆過程でした。本書の完成が遅れたため、私たちは焦っていました。というのも、安倍トレモロ政権が、いったい、いつまでもつのか、あやういと感じたからでした。

そこで、本書を明石書店から出版する前に、一か月限定で、緊急ネット出版することにしました。そしてお読みいただいた皆さんから、もしもコメントをいただけるなら、それを反映して原稿をブラッシュアップして、紙ベースで出版する、という実験的な出版を試みることにしました。こうして

『トレモロされた日本　安倍政権に観る近代日本の政治・経済・文化の矛盾』

というタイトルで、二〇一三年一一月二〇日に特定秘密保護法案の不成立を祈念しつつ、Kindle版を出版いたしました。

このような実験的販売活動によって、素早く本書の内容をお届けし、読者の反応を得られ、また幾ばくかの売上を得たことは、私どもにとってとても興味ふかい体験でした。まさに出版もインターネットによって変わりつつあるのだ、ということを自覚することができました。

人間社会はコミュニケーションから成り立っておりますから、このようなコミュニケーション手段の本質的変化は、社会のあり方を根本的に変えてしまうのです。その変化に能動的・創造的に対応し

ない限り、「出版」という文化そのものが、崩壊してしまう、という危機感抜きに、出版という事業は続けられない、と私は感じました。

さて、電子版をお読みいただいた方の中で、吉岡恵一さん、窪田楽子さん、澤田健一さん、丸尾洋子さん、石川晴悠さん、榎本統太さんから詳しいコメントをいただきました。すべてではありませんが、いただいたご意見を反映させております。また、電子版に続き、本書をお読みいただいた感想を、tremolonippon@gmail.com にお寄せいただければありがたく存じます。

本書の作成にあたっては、明石書店の編集者で『東大話法』以来のお付き合いをいただいている大野祐子さんから終始、ご助力をいただきました。共同研究者の深尾葉子氏（大阪大学大学院経済学研究科准教授）との議論から、本書を執筆するための視角を磨くことができました。また、本書の表紙の図案は、深尾氏のアイディアに従って、ながた氏が構成したものがもとになっています。本書の議論の多くは、深尾氏の近著『日本の社会を埋め尽くすカエル男の末路』（講談社＋α新書）と密接に関係しているので、あわせてお読みいただくことをお薦めします。平智之（前衆議院議員）、福井康太（大阪大学大学院法学部研究科教授）、江口友子（平塚市議会議員）の各氏と複数回にわたって行ったネット対談（ＩＷＪで中継）から、大きなヒントをいただきました。本書冒頭の序文は二〇一三年一〇月二日付の『虚構新聞』（kyoko-np.net）を模倣しました。他にも多くの方々との対話から、本書は生まれました。記して感謝いたします。

日本の立場主義は、もはや断末魔を迎えつつあります。その断末魔の苦しみゆえに、立場主義は安倍政権という形をとって、猛威を振るっています。アベノミクスや、特定秘密保護法案の強行採決などは、その表現です。このまま「日本立場主義人民共和国」体制の暴走を許してハードランディングするか、それとも豊かで柔軟で幸福な社会を創り出し、「日本を取り戻す」道へと踏み出すか。それは、私たち一人ひとりが、自分自身の感覚を取り戻す痛みを引き受ける勇気を持ち、自分自身の魂の声に従っていくかどうかに掛かっております。

最後に、序論でも登場していただきました南アフリカのネルソン・マンデラ元大統領が、獄中で愛読したというイギリスの詩人 William Ernest Henley（1849–1903）の Invictus という詩を引用し、私なりに訳しておきます。ちなみに、invictus というラテン語の単語の最も近い英語訳は invincible ですが、これは、マイケル・ジャクソンの最後のアルバムのタイトルでもあります。

Invictus

Out of the night that covers me,
Black as the Pit from pole to pole,
I thank whatever gods may be
For my unconquerable soul.

征服されざる者

南極と北極とを貫く竪穴の如く暗い
私を覆う闇夜を抜けて、
如何なる神々にであれ、私は感謝する。
征服されざる我が魂のゆえに。

In the fell clutch of circumstance
I have not winced nor cried aloud.
Under the bludgeonings of chance
My head is bloody, but unbowed.
Beyond this place of wrath and tears
Looms but the Horror of the shade,
And yet the menace of the years
Finds, and shall find, me unafraid.
It matters not how strait the gate,
How charged with punishments the scroll.
I am the master of my fate:
I am the captain of my soul.
獰猛なる苦境の魔手のなかで、
私はひるまず、叫び声もあげない。
運命の棍棒の下でも、
我が頭は血まみれになろうとも、屈しはしない。
この憤怒と悲嘆の地を越えて、
ただ亡霊の恐怖が現れる、
永年にわたる脅迫でさえ、
私が恐れぬことを見出し、見出すはずだ。
あの門が如何に狭かろうと、
如何なる劫罰が用意されようと構いはしない。
私が、我が運命の主《あるじ》であり、
私が、我が魂の長《おさ》である。

二〇一三年一二月六日　特定秘密保護法成立の日に

安冨 歩

◆より詳しく知りたい方へ

・田中主義については――『幻影からの脱出』（明石書店）
・金融緩和、貨幣については――『経済学の船出』（NTT出版）、『貨幣の複雑性』（創文社）
・立場主義については――『原発危機と「東大話法」』（明石書店、第四章）、『もう「東大話法」にはだまされない』（講談社＋α新書）
・タガメ女・カエル男については――『日本の男を喰い尽くすタガメ女の正体』『日本の社会を埋め尽くすカエル男の末路』（共に深尾葉子著。講談社＋α新書）
・意志の問題については――『複雑さを生きる』（岩波書店）
・自由の問題については――『生きるための経済学』（NHKブックス）

◆著者紹介

安冨 歩（やすとみ・あゆみ）

1963年大阪府生まれ。京都大学大学院経済学研究科修士課程修了。京都大学人文科学研究所助手、ロンドン大学政治経済学校（LSE）滞在研究員、名古屋大学情報文化学部助教授、東京大学大学院総合文化研究科・情報学環助教授を経て、東京大学東洋文化研究所准教授、2009年より同教授。博士（経済学）。主な著書に、『原発危機と「東大話法」』『幻影からの脱出』『誰が星の王子さまを殺したのか』『親鸞ルネサンス』〈共著〉『原発ゼロをあきらめない』〈共著〉『香港バリケード』〈共著〉（以上、明石書店）、『もう「東大話法」にはだまされない』『学歴エリートは暴走する』（以上、講談社α新書）、『生きる技法』『合理的な神秘主義』（以上、青灯社）、『今を生きる親鸞』（共著、樹心社）、『生きるための論語』（ちくま新書）、『超訳　論語』（ディスカバー21）、『経済学の船出』（NTT出版）、『生きるための経済学』（NHKブックス）、『複雑さを生きる』（岩波書店）、『「満洲国」の金融』『貨幣の複雑性』（以上、創文社）ほか。

ジャパン・イズ・バック

安倍政権にみる近代日本「立場主義」の矛盾

2014年 3月 1日　初版第1刷発行
2021年 6月10日　初版第4刷発行

著　者　　安冨　歩
発行者　　大江道雅
発行所　　株式会社 明石書店
〒101-0021　東京都千代田区外神田6-9-5
電話 03-5818-1171　FAX 03-5818-1174
振替 00100-7-24505
https://www.akashi.co.jp/
装　丁　　明石書店デザイン室
印刷／製本　モリモト印刷株式会社

（定価はカバーに表示してあります）　ISBN 978-4-7503-3969-6

誰が星の王子さまを殺したのか
モラル・ハラスメントの罠

安冨 歩 著

■四六判／上製／256頁 ◎2000円

星の王子さまとバラとのこじれた恋愛関係に焦点をあて、ハラスメントの物語として読み直した、これまでにない視点の『星の王子さま』論。なぜ王子はバラの棘の話で怒りをあらわにしたのか、なぜキツネは王子に「飼いならして」と言ったのか。物語の謎が解き明かされる。

内容構成

香港バリケード
若者はなぜ立ち上がったのか

遠藤 誉 著 深尾葉子、安冨 歩 共著

■四六判／並製／304頁 ◎1600円

香港のトップを選ぶ「普通選挙」が実施されないことを知った若者たちが始めた抗議活動。市民も加わり、巨大な運動へと発展していった。だが、ある時期から市民の支持を失い79日間で幕を閉じた。雨傘革命とは何だったのか。社会・政治状況の分析と現地の人へのインタビューで多面的に考察し、今後の行方を展望する。

内容構成

〈価格は本体価格です〉